发现化学

奇趣就在身边

主 编：梁雪峰

江蘇鳳凰教育出版社
Phoenix Education Publishing, Ltd

图书在版编目（CIP）数据

发现化学，奇趣就在身边 / 梁雪峰主编. —
南京：江苏凤凰教育出版社，2014.8
ISBN 978-7-5499-3877-3

Ⅰ. ①发… Ⅱ. ①梁… Ⅲ. ①中学化学课－课外读物
Ⅳ. ①G634.83

中国版本图书馆CIP数据核字(2014)第041429号

书　　名	发现化学，奇趣就在身边
主　　编	梁雪峰
责任编辑	午新生　雷利军　万晓文
出版发行	凤凰出版传媒有限公司
	江苏凤凰教育出版社（南京市湖南路1号A楼　邮编210009）
苏教网址	http://www.1088.com.cn
照　　排	北京星源工作室
印　　刷	三河市九洲财鑫印刷有限公司
厂　　址	河北省三河市灵山大口
开　　本	787毫米×1092毫米　1/16
印　　张	9
字　　数	120千字
版　　次	2014年8月第1版　2014年8月第1次印刷
书　　号	ISBN 978-7-5499-3877-3
定　　价	22.00元
网店地址	http://jsfhjycbs.tmall.com
邮购电话	025-85406265，85400774　短信02585420909
E - mail	jsep@vip.163.com
盗版举报	025-83658579

江苏省校本课程精品系列

序

preface

我们知道，从高山、岩石、大海到花、草、鱼、虫，美丽而神奇的大自然都是由物质组成的。而化学就是研究物质组成、结构、性质及其变化的一门基础自然科学。它不仅要研究已经存在的物质及其变化，而且要根据需要研究和创造新物质。青少年富有强烈的求知欲和探索欲，他们不仅对文化知识和日益发展的科学技术具有浓厚的兴趣，而且对世界上许许多多的自然科学知识充满了好奇。为了满足学生的好奇心，激发学生的学习兴趣，我们以新课标、新教材为出发点和落脚点，精心编写了这一化学校本读物。

一、广泛收集学生熟悉的生活素材，结合学生已有的经验，让学生知道化学就在我们的身边，化学有趣，化学易学，化学有用。

二、提供了大量的生动史实，创设诱人的知识情境，帮助学生领悟更多的化学道理，从而增强学生的爱国热情和民族自豪感，引发学生学习化学的兴趣。

三、结合日常生活中生动的自然现象和化学事实、化学科学与技术发展及应用的重大成就、化学对社会发展的影响的事件，增强学生的责任感，帮助学生认识化学、技术、社会、环境的相互关系，引导学生理解人与自然的关系，认识化学在促进社会可持续发展中的重要作用。

由于编写时间仓促，不足在所难免。伴随化学学科的发展，我们会在学习实践中不断修改、完善。探索不止，脚步不停，我们已经在路上。

编 者

2014年3月

目　录

CONTENTS

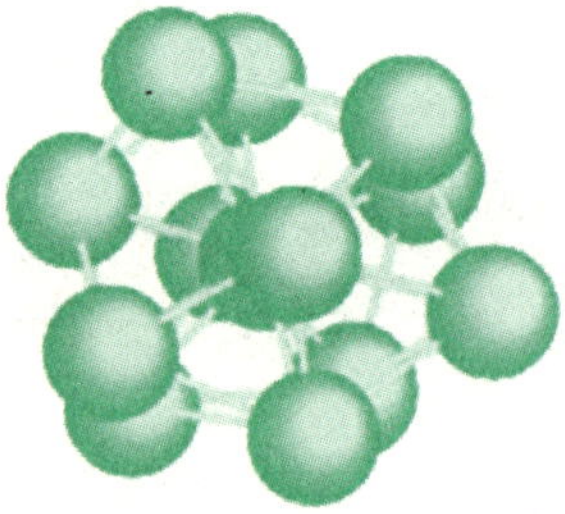

第一章

历史发展

The History and Development of Chemistry

第一节 化学的由来

自从有了人类，化学便与人类结下了不解之缘。人类生活在不停运动、不断变化的物质世界中，感官不断地受到大自然中许多化学现象的刺激，如森林失火、动植物腐烂、火烧煮食物等现象，渐渐地，人类不再局限于通过自己的本能活动来适应外界环境的变化，而是开始依靠集体的力量来与自然界做斗争。人类就是在这种斗争的进程中，在赢得自己生存和发展的基础上，孕育了包括化学在内的自然科学的萌芽，为世界文明发展奠定了最初的理论基础。

化学是一门基础科学，是人类用以认识和改造物质世界的主要手段和方法之一。它不仅提高和改善了人类的生活质量，而且推动了其他学科和技术的发展。

化学名称的由来

化学一词何时出现？是谁首先使用的？

化学的英文单词为chemistry，它是从一个古词，即拉丁词chemia、希腊词chamia、阿拉伯词chema、埃及词chemi演化而来的。从现存资料看，“化学”一词最早是在埃及第四世纪的记载里出现的，意思是埃及或埃及的艺术。

一般都认为，“化学”这一名称起源于古埃及的亚历山大里亚古城。

亚历山大里亚城是由亚历山大大帝在公元前332年主持建立的，坐落于尼罗河口，是埃及的主要港口和当时罗马帝国境内第二大城市。这个城

亚力山大里亚古城遗址

里，一方面存在古埃及的冶金、染色、玻璃制造的工艺技术，另一方面有古希腊的哲学思想，这两个方面的结合导致了“化学”概念的产生。在公元前296年，罗马皇帝戴克里先发布了一张告示，告示中命令焚毁埃及关于chemeia的书，意思就是下命令焚毁亚历山大里亚城中关于制造金银的书，这是世界上第一次出现“化学”这一名词。这个告示也证明亚历山大里亚城是“化学”的起源地。

那么，中文的“化学”一词是怎么出现的呢？

公元10世纪，中国五代时期的谭峭更著有《化书》一书，但书中并无“化学”一词。那么，“化学”一词是什么时候出现的呢？

据相关史学家考证，中文的“化学”一词出现于1856年，时值清朝咸丰六年。这本书是英国传教士韦廉臣编写的《格物探源》，是英语chemistry一词的意译，书中还介绍了西方近代科学中的一些化学知识。另外，“化学”一词于一年后出现在《六合丛谈》发刊号的小引中：“今予著《六合丛谈》一书，亦欲通中外之情，载远近之事，尽古今之变，见闻所逮，命笔志之，月各一编。……比来西人之学此者，精益求精，超前轶古，启明哲未言之奥，辟造化未泄之奇。今略举其纲：一为化学，言物各有质，自有变化，精诚之上，条分缕析，知有六十四元，此物未成之质也……”

想必，单凭两个外国人是无法写出这样的汉文的，“化学”一词应该是在与之共事的诸位中国学者的共同讨论中确定的。

从人类文明发展的历史可知，人类从用火开始，就知道自然界中出现的各种变化：将柴草燃烧，熊熊烈火，烟气腾腾，柴草化为灰烬；将黏土拌水，做成陶瓷坯件，经火燃烧，变化而成为可以盛水的陶瓷器皿；将矿石冶炼，化石成金，得到性质完全与矿石不同的金属。人们从生产和生活的实践中已了解到物质能互相作用而发生变化。

在中文中“化”是变化和改变之意，即自然界运动变化造成万物。把英文chemistry译为“化学”，既古雅又恰当，很快为中国知识界所采用。1862年，京师同文馆就曾开课讲授近代天文学、数学和化学等科目。1867年，上海江南制造局附设的译学馆翻译了格致化学和制造等方面的书籍。

化学的含义

化学的中心含义在于“化”字。化指变化、转化、造成万物之造化等。在五彩缤纷的世界中，各种事物都在不停地变化着，日出日落，刮风下雨，人长大，树长高，烧火煮水，麦粒磨成面粉，生米煮成熟饭，等等。自然科学各个学科分别研究各种变化的规律：天文学研究宇宙各星体运行变化规律，气象学研究各地的阴晴雨雪，生物学研究动植物的生长规律，物理学研究各种物质的物理性质和物理变化，化学研究各种物质的化学性质和化学变化。

那么，什么是化学变化？可以说有新物质产生的变化即为化学变化。我们可以通过一些实例来说明这一点。

例一，水在电炉中通过加热变成水蒸气，这是物理变化。而水在电解槽中通电电解，在两个电极上分别放出氢气（H_2）和氧气（O_2），这就是化学变化。

例二，将石墨、黏土和其他配料做成铅笔，在纸上写字，石墨会粘在纸上，形成字迹，这是物理变化。而将石墨放在加有催化剂的炉中，加上高压、高温，石墨就转变为金刚石，虽然金刚石和石墨的化学成分都是由碳原子组成，但原子间的排列方式和

自然万物每时每刻
都在发生神奇的变化

葡萄经过化学变化成为美味葡萄酒

化学键都发生变化，性质也全变了，这就是化学变化。将石墨作为电极放电，有一部分变成球碳分子，如 C_{60}，这也是化学变化。

例三，将葡萄榨成汁，再加些蔗糖，变成一杯饮料，这是物理变化。而将这带葡萄皮的加糖的葡萄汁密封在瓶中，过半个月变成了葡萄酒，这就是化学变化。

化学变化，又称化学反应或化学作用。由上面几个实例可以总结出，化学变化是物质中原子间的排列方式和化学键发生改变的变化，是深入到物质内部原子和分子层次中了解物质变化规律的科学。可以说，化学反应和化学知识关系到人们的衣食住行和日常生活的各个方面。

第二节 化学发展史

化学的历史渊源非常古老，可以说从学会使用火，人类就开始了最早的化学实践活动。我们的祖先钻木取火、利用火烘烤食物、寒夜取暖、驱赶猛兽，都是在充分利用燃烧时的发光发热现象。当然，在当时这只是一种经验的积累。化学知识的形成、化学的发展经历了漫长而曲折的道路。那么从古至今，伴随人类社会的进步，化学历史的发展经历了哪些时期呢？

古代化学

17世纪以前的化学史称为古代化学时期。古代化学知识的积累为近代化学的产生奠定了基础，是近代化学知识体系的雏形。数学、几何学、天文学、力学及医学等各种学科在古代时期都已经有了一定水平的发展，然而化学的情况不尽其然，它在整个古代时期的发展基本处于描述性知识的水平，是依附于生活生产和其他学科（如哲学、医学等）而生存和发展的。

一、化学萌芽时期

在几百万年以前，人类过着极其简单的原始生活，靠狩猎为生，吃的是生肉和野果。根据考古学家的考证，在中国云南元谋猿人遗址发现了大量的炭屑和被火烧过的动物骨骼，距今可能有170多万年，这是已知的人类最早的用火遗迹。到了旧石器时期，用火已很普遍。在中国周口店距今50万年前的猿人洞穴中，考古人员发现了很厚的灰层，灰层中有木炭、烧过的兽骨、熏黑了的石块，这可以说明，它不是野火的迹象，而是北京猿人

北京猿人已经能够控制和利用火

有意识用火的遗迹。火是人类最早利用的一种自然力，也是人类广泛利用化学反应的开始。认识火、利用火，标志着化学史的开始，构成了化学发展的基础。

火的发现为人类进行化学操作打开了方便之门。原始人借助火，学会了用泥土、铜、青铜或其他易于获取的物质来制作器具。这一时期没有文字记载，后人只能通过对原始人制造的器具进行分析，才能推测出他们所使用的制取方法和材料。随着人类文明的发展，火的应用逐渐使人拥有日益增多的武器和工具，从而推动了社会的进步。

陶器的出现应该算是化学知识萌芽的较早开端。但是古代文明至今保存得最好的器物要算是金属制品了。考古学的发现表明，人类最早使用的都是一些天然金属。从埃及和美索不达米亚的最古老的墓葬中，人们发现了铜和金。尽管这些金属可能是在许多不同地区各自被人发现和得到使用的，但由于各个民族甚至在有文字记载之前就已开辟了贸易通道，所以，各种金属在文明国家间的辗转运送，对古代世界的文明交流无疑起到了颇为重要的作用。

在学会使用天然金属之后，接踵而来的巨大进步是人类发明了从矿石中提炼金属的方法。史前时代定居于现今伊朗南部的苏美尔人，大约很早以前就在这里发现了用木柴加热来熔炼铜的方法。由于没有设法将所有的矿石进行精选，所以在把铜矿石和锡矿石混合熔炼时，人们自然很快发现了青铜。青铜与铜相比，硬度高，熔点低，这使它一经发现就得到广泛的应用。

除金属外，古代人还使用过大量的其他化学物质。釉料在远古时期就已配制成功，后来逐渐改进，成为真正的玻璃。青金石最初可能产于巴比伦，是一种贵重商品，经过自由转运输入埃及后，埃及人把它视为金属。还有“埃及蓝”，这是一种钙和铜的混合硅酸盐，古埃及人早在公元前2600年左右就以其绘制装饰物，作为青金石的仿制品，在整个古代世界甚至直到罗马时代都很驰名，当时极富盛名的建筑师维持鲁维斯就描述过它的制备方法。

从远古时期到公元前约1500年，人类的制陶、冶金、酿酒、染色等工艺，主要是在实践经验的直接启发下经过漫长的岁月在摸索中形成的，但是人们还没有总结出完备的化学知识，这是化学的萌芽时期。

二、炼丹术和医药化学时期

从公元前约1500年到公元1650年，炼丹术士和炼金术士们在皇宫、教堂、家中、深山老林的烟熏火燎中，为求得使自己长生不老的仙丹，为求得使自己荣华富贵的黄金，开始了最早的化学实验。

中国古代炼丹图

在中国、阿拉伯、埃及、希腊等国家都发现过不少记载、总结炼丹术的书籍。炼金家想要的是点石成金，即使用人工的方法制造金银。他们认为，可以通过某种手段把铜、铅、锡、铁等“贱”金属转变为金、银等“贵”金属。例如，希腊的炼金家曾经就把铜、铅、锡、铁熔化成一种合金，然后把它放入多硫化钙溶液中浸泡。于是，在合金表面便形成了一层硫化锡，它的颜色酷似黄金，炼金家便主观地认为“黄金”已经炼成了。实际上，这种仅从表面颜色而不从本质来判断物质变化的方法是自欺欺人的，炼金家们从未达到过“点石成金”的目的。现在，金黄色的硫化锡被称为金粉，可用作古建筑中的金色涂料。

虔诚的炼丹家和炼金家的目的虽然没有达到，但是他们辛勤的劳动并没有完全白费，为化学学科的建立积累了相当丰富的经验和失败的教训，甚至总结出一些化学反应的规律。例如，中国炼丹家葛洪从炼丹实践中提出“丹砂（硫化汞）烧之成水银，积变（把硫和水银二者放在一起）又还成丹砂。”这是一种化学变化规律的总结，即“物质之间可以用人工的方法互相转变”。炼丹术所用的料种类很多，其中有硫黄、雄黄、雌黄、硝石等。三黄与硝石炼制，稍不慎即迅猛燃烧、爆炸，炼丹家发现了这种现象，著书并引为警戒。东汉魏伯阳在《参同契》中便有所记述，他用阴阳—雌雄、龙虎—龟蛇等隐语来论述化合的原理，并且排列出三大类情况：一是雌雄配偶，顺利化合；二是“二女同室”，永不化合；三是“若药物非种，名类不同，分剂参差，失其纪纲”，那就会“飞龟舞蛇，愈见乖张”，这是指发生了难以控制的激烈反应。

炼金术的出现逐步推动古代化学从实用性的化学工艺活动，转入带有一定探索性的准实验性质的物质转变活动，使萌芽期实用性的化学得到一定的发展。这一时期，人们积累了许多物质间的化学变化的经验，为化学的进一步发展准备了丰富的素材。

后来，炼丹术、炼金术几经盛衰，使人们更多地看到了它们荒唐的一面。随后，化学方法转而在医药和冶金方面得到了应用。

16世纪以后，一些炼金术士开始制造医药，用以治疗人们的疾病。这推动化学发展进入了新的医药化学时期，它标志着古代的化学从炼金术向科学化学过渡的开始。同时，德国和英国都开始大力发展矿冶业，以适应资本主义生产发展的需要，这就推动了一些化学家从事冶金的实践。

炼丹术和冶金术是化学的原始形式，对化学的发展作出了一定的贡献，同时也促进了化学和医药化学的发展，迎来了近代化学的诞生。

知识链接

牛顿，是科学发展史上举足轻重的人物，几百年来以“科学巨人”“理性化身”的形象深入人心。但大多数人有所不知的是，牛顿也曾痴迷于炼金术。1667年，牛顿开始修习化学，并很快转入更刺激的炼金术领域。1669年底，牛顿开始炼金实验。其后近30年的时间中，牛顿投入大量的时间与精力从事炼金术研究与实验。去世的时候，他的收藏中有169册关于化学及炼金术的书籍，而他留下的有关炼金术的资料竟超过100万字。为什么牛顿如此热衷于炼金术？这至今还是一个谜。

近代化学

一、燃素化学时期

从1650–1775年，随着冶金工业和实验室经验的积累，人们总结感性知识，认为可燃物能够燃烧是因为它含有燃素，燃烧的过程是可燃物中燃素释放的过程，可燃物释放出燃素后成为灰烬。

1723年，德国哈雷大学的医学与药理学教授施塔尔出版了教科书《化学基础》。在这部著作中，他继承并发展了他的老师贝歇尔有关燃烧现象的解释，形成了贯穿整个化学学科的完整而系统的理论。可以说，《化学基础》是“燃素说”的代表作。

“燃素说”认为，可燃的要素是一种气态的物质，存在于一切可燃物质中，这种要素就是燃素，燃烧过程是可燃物中燃素放出的过程。

可燃物=灰烬+燃素

金属=锻灰+燃素

解释起来就是，燃素在燃烧过程中从可燃物中飞散出来，与空气结合，从而发光发热，这就是火。油脂、蜡、木炭等都是极富燃素的物质，所以它们燃烧起来非常猛烈。而石头、木灰、黄金等都不含燃素，所以不能燃烧。

到1740年，燃素理论在法国学术界被普遍接受。10年以后，这种观点成为化学领域的公认理论。

然而，“燃素说”未能合理解释定量实验的结果，根据“燃素说”，镁在燃烧后会释出燃素，重量应该减轻，但实际上重量不减反增。其后，拉瓦锡证明氧在燃烧过程中必不可少，解释了燃烧后重量增加的现象。

“燃素说”尽管是错误的，但它把大量的化学事实统一在一个概念之下，解释了冶金过程中的化学反应。在“燃素说”流行的一百多年间，化学家为了解释各种现象，做了大量的实验，积累了丰富的资料。特别是“燃素说”认为化学反应是一种物质转移到另一种物质的过程，化学反应中物质守恒。这些观点奠定了近、现代化学思想的基础。

二、定量化学时期

“燃素说”的推翻者，是法国化学家拉瓦锡。1775年前后，拉瓦锡用定量化学实验阐述了燃烧的氧化学说，开创了定量化学时期。

拉瓦锡

1．拉瓦锡否定“燃素说”

拉瓦锡20岁时取得了法律学士学位，但他不急于当律师，而是对植物学产生了兴趣。后来，拉瓦锡师从巴黎有名的鲁伊勒教授学习化学。

拉瓦锡的第一篇化学论文是关于石膏成分的研究。他用硫酸和石灰合成了石膏，当加热石膏时释放出了水蒸气。拉瓦锡用天平仔细测定了不同温度下石膏失去水蒸气的质量。这次实验后，拉瓦锡开始经常使用天平，并总结出了质量守恒定律。在这之后，质量守恒定律成为他进行定量实验、思维和计算的基础。例如，他曾经应用这一思想，将糖转变为酒精的发酵过程表示为等式“葡萄糖=碳酸+酒精”，而这正是现代化学方程式的雏形。

1775年，拉瓦锡发现，物体燃烧时增加的质量恰好是氧气减少的质量。以前认为可燃物燃烧时吸收了一部分空气，其实是吸收了氧气，与氧气化合，即氧化。这就是推翻了“燃素说”的燃烧的氧化理论。1777年的9月5日，拉瓦锡向法国科学院提交了划时代的实验报告《燃烧概论》，系统地阐述了燃烧的氧化学说。这本书后来被翻译成多国语言，逐渐扫清了“燃素说”的影响。化学自此切断了与古代炼丹术的联系，揭开了神秘和臆测的面纱，开始进行科学的实验和定量的研究，进入了定量化学（近代化学）时期。所以，我们说拉瓦锡是近代化学的奠基者。

拉瓦锡对化学的另一大贡献是否定了古希腊哲学家的“四元素说”，辩证地阐述了建立在科学实验基础上的化学元素的概念：“如果元素表示构成物质的最简单组分，那么目前我们可能难以判断什么是元素；如果相反，我们把元素与目前化学分析最后达到的极限概念联系起来，那么，我们现在用任何方法都不能再加以分解的一切物质，对我们来说，就算是元素了。”

在1789年出版的《化学概要》里，拉瓦锡列出了第一张元素一览表，将元素分为四大类：简单物质，普遍存在于动物、植物、矿物界，可以看作物质元素，包括光、热、氧、氮、氢；简单的非金属物质，其氧化物为酸，包括硫、磷、碳、盐酸素、氟酸素、硼酸素；简单的金属物质，被氧化后生成可以中和酸的盐基，包括锑、银、铋、钴、铜、锡、铁、锰、汞、钼、镍、金、铂、铅、钨、锌；简单物质，能成盐的土质，如石灰、镁土、钡土、铝土、硅土。

拉瓦锡被称为近代化学之父，开创了定量化学时期，使化学沿着正确的轨道发展，其著作《化学概要》标志着现代化学的诞生。

知识链接

1789年法国大革命爆发，三年后拉瓦锡被解除了火药局长的职务。1793年11月，国民议会下令逮捕旧王朝的包税官。拉瓦锡由于曾经担任包税官而自首入狱。极左派掌权人马拉曾与拉瓦锡有过激烈的科学争论，一直对拉瓦锡心存嫉恨，便诬陷拉瓦锡与法国的敌人有来往，犯有叛国罪，把他送上了断头台。对此，当时科学界的很多人感到非常惋惜。著名的法籍意大利裔数学家拉格朗日痛心地说："他们可以一瞬间把他的头割下，而他那样的头脑一百年也许长不出一个来。"

拉瓦锡以后，化学界确立了不少化学基本定律，提出了原子学说，发现了元素周期律，发展了有机结构理论。所有这一切都为现代化学的发展奠定了坚实的基础。

2. 道尔顿和原子学说

英国化学家道尔顿出生于坎布兰郡科克茅斯附近的伊格尔菲德村。1793年，他开始在曼彻斯特教授数学和自然哲学。

在来到曼彻斯特以前，盲人哲学家高夫激发了道尔顿对气象的兴趣。从1787年起，他写气象观察日记长达57年。由于对气象、大气和一般气体进行了长期研究，道尔顿于1803年提出了气体分压定律，即混合气体的总压力等于各组分气体占有相同体积时所具有的压力的总和。此外，他也研究了气体体积与温度的关系，以及气体的扩散现象和气体在水中的溶解度。

研究水对气体的吸收，使得道尔顿构筑了他的原子论。他认为，气体必

道尔顿

定是由微粒组成的，这些微粒能占据构成水的微粒之间的一定的空间；而在气体混合物中不同的微粒必定是相互混合而不是依据其密度大小而分层。

把后来的研究考虑进去后，道尔顿的原子论可概括如下：

（1）每种元素由称为原子的不可再分割的微粒构成。

（2）同一种元素的原子具有相同的重量（质量）、体积和化学性质；不同元素的原子具有不同的性质。

（3）不同的元素相化合时，原子以简单整数结合而形成复杂原子（现在称分子）。

在1808年出版的著作《化学哲学的新体系》中，道尔顿列出了一张原子量表以及他新近设计的化学元素符号体系，还将元素符号结合起来表示化合物。不过，在道尔顿的原子量表中，许多元素的原子量由于与当量相混淆而不准确，如氧为8，碳为6。他所表示的有些化合物如水、氨等的式子中的原子数也是错误的，而且科学的进展也证明原子不可再分割的观点与事实不符。但尽管如此，道尔顿的确将化学中的混乱变成了一种有序的状态，而为以后几代科学家打下了基础。

总之，虽然原子论的某些内容已被证明不正确，然而道乐顿的贡献仍然应该被肯定，他的主要贡献在于引导同时代的科学家的研究思想走向正确的方向。

3．分子学说

在19世纪上半叶，科学家们对分子的概念还缺乏准确的认知。原子论的提出者、英国化学家道尔顿把化合物的分子看作复杂原子，英国物理学家和化学家法拉第则把“分子”“原子”当成同义语。

1808年，法国化学家盖・吕萨克根据化合反应实验的发现，提出假说：“在同温同压下，相同体积的不同气体含有相同数目的原子。”但道尔顿认为，不同元素的原子大小不一，相同体积、不同元素气体的原子数不可能相等。

1811年，意大利物理学家阿伏加德罗在盖·吕萨克气体反应实验的基础上，引进了分子概念，提出了分子假说：在同温同压下，所有同体积的气体，无论是元素、化合物还是混合物，都含有相同数目的分子。分子假说有两个核心概念：虽然相同体积气体的原子数不同，但分子数相同；物质由分子组成，分子由原子组成。

但分子假说当时并未获得化学界的承认。由于不承认分子的存在，化合物的原子组成就无法确定，以至原子量测定的数据呈现一片混乱。直到1860年国际化学会议上就原子量问题激烈争论之际，意大利化学家康尼查罗指出，只有接受阿伏加德罗50年前提出的分子假说，原子量、化学式的问题才能迎刃而解。化学家们终于承认分子假说了，但阿伏加德罗已在4年前逝世，未能亲眼看到自己学说的胜利。

分子学说奠定了原子–分子论的基础，是人类认识物质世界过程中的一次重大突破。

自从用原子–分子论来研究化学，化学才真正被确立为一门科学。这一时期，确立了不少化学基本定律，如俄国化学家门捷列夫发现元素周期律，德国化学家李比希和维勒发展了有机结构理论，这些都使化学成为一门系统的科学，也为现代化学的发展奠定了基础。

现代的化学

20世纪以来，化学发展的趋势可以归纳为：由宏观向微观、由定性向定量、由稳定态向亚稳态发展，由经验逐渐上升到理论，再用于指导设计和开发创新的研究。一方面，化学研究为生产和技术部门提供尽可能多的新物质和新材料；另一方面，化学学科在与其他自然学科相互渗透的进程中不断产生新学科，并向探索生命科学和宇宙起源的方向发展。

一、化学与其他学科相互渗透

20世纪初，一方面量子理论的发展使化学和物理学有了共同语言，解决了化学上许多悬而未决的问题；另一方面，化学又向生物学和地质学等学科渗透，使蛋白质、酶的结构问题得到逐步的解决。20世纪的时代标志是人类开始掌握和利用核能，放射化学和核化学等分支学科因而相继产生，并迅速发展；同位素地质学、同位素宇宙化学等交叉学科接踵而至。在这一时期，人们将元素周期表扩充到第109号元素，并且正在探索超重元素以验证元素“稳定岛”的假说。与现代宇宙学相依存的元素起源学说和与演化学说密切相关的核素年龄测定理论，都在不断补充和更新着元素的观念。

在化学反应理论方面，由于研究者对分子结构和化学键的认识的提高，经典的、统计的反应理论已得到进一步深化，并在过渡态理论建立后，逐渐向微观的反应理论发展。研究者用分子轨道理论研究微观的反应机理，并逐步确立了分子轨道对称守恒原理和前线轨道理论。分子束、激光和等离子技术的应用，使得对不稳定化学物质的检测和研究成为现实，从而使化学动力学有可能从经典的、统计的宏观动力学向单个分子或原子水平的微观反应动力学深入发展。计算机技术的发展，使得化学反应的量子化学计算、化学统计、化学模式识别以及大规模数据的处理和综合等都得到较大的进展，有的已经逐步进入化学教育领域。另外，关于催化作用的研究，研究者已经确立了各种模型和理论，从无机催化进入有机催化和生物催化，已开始从分子微观结构和尺寸的角度、生物物理有机化学的角度，来研究酶类的作用和酶类的结构与其功能的关系。

知识链接

20世纪初，电子、X射线和放射性的发现，打开了原子不可分的大门。1929年，美国物理学家劳伦斯在加利福尼亚大学发明了回旋粒子加速器，从而取得了大大提高轰击粒子动能的手段，使新元素不断被发现和合成，仅1934年至1937年就有200多种人工放射性同位素出现。到1939年，在92号铀元素之前，只剩下61号和85号两个空位了。所以，人们已不在关心元素周期表中的空格补缺，而将精力转移到铀后面元素的发现和合成上。

现代化学逐渐呈现以下鲜明的特点。

其一，分析方法是化学研究的基本方法。

一方面，经典的成分和组成分析方法仍在不断改进，分析灵敏度从常量发展到微量、超微量、痕量；另一方面，许多新的分析方法不断产生，可深入进行结构分析，构象测定，同位素测定，各种活泼中间体如自由基（包括双基和多基）、离子基、卡宾、氮宾、卡拜的直接测定，以及对短寿命亚稳态分子的检测等。分离手段也不断革新，离子交换、膜技术，特别是各种色谱法得到了迅速发展。为了适应现代科学研究和工业生产的需要并满足化学检验灵敏、精确、高速的要求，各种分析仪器如质谱仪、极谱仪、色谱仪的应用，以及与其他重要谱仪的联用，得到迅速发展和完善。现代航天技术的发展和对各行星成分的遥控分析，反映出分析技术的现代化水平。

其二，合成各种物质，是化学研究的主要目的之一。

在无机合成方面，首先合成的是氨。氨的合成不仅开创了无机合成工业，而且带动了催化化学，发展了化学热力学和反应动力学。后来相继合成的，有红宝石、人造水晶、硼氢化合物、金刚石、半导体、超导材料和二茂铁等配位化合物。在电子技术、核工业、航天技术等现代工业技术的推动下，各种超纯物质、新型化合物和有特殊需要材料的生产技术都得到较大发展。稀有气体化合物的合成成功又向化学家提出了新的挑战，使他们重新对零族元素进行研究。酚醛树脂的合成开辟了高分子科学领域。20世纪30年代聚酰胺纤维的合成，使高分子的概念得到广泛的确认。各种高分子材料（塑料、橡胶和纤维）的合成和应用，为现代工农业、交通运输、医疗卫生、军事技术以及人们衣食住行各方面，提供了多种性能优异而成本较低的重要材料，成为现代物质文明的重要标志。高分子工业发展为化学工业的重要支柱。

20世纪是有机合成的黄金时代。化学的分离手段和结构分析方法已经历了高度发展阶段，许多天然有机化合物的结构问题先后获得圆满解决，研究者还发现了许多新的重要的有机反应和专一性有机试剂。在此基础上，合成技术在精细有机合成方面，特别是在不对称合成方面取得了很大进步。一方面，合成了各种有特种结构和特种性能的有机化合物；另一方面，合成了不稳定的自由基、有生物活性的蛋白质、核酸等生命基础物质，如胰岛素、大肠杆菌脱氧核糖核酸、酵母丙氨酸转移核糖核酸等。同时，有机化学家还合成了具有复杂结构的天然有机化合物，如血红素、叶绿素、甾族激素、维生素B_{12}抗生素等。这些成就对促进科学的发展，增进人类的健康和延长人类的寿命，起到了巨大作用，同时为合成有高度生物活性的物质，并与其他学科协同解决有生命物质的合成问题提供了有利的条件。

二、现代化学发展分为四大学科

现代化学分为物理化学、分析化学、有机化学、无机化学四大学科，各学科又有许多延伸的子学科和应用化学领域。

1. 物理化学

是从物理角度分析化学原理的化学，可谓近代化学的原理根基。物理化学家关注分子如何形成结构、动态变化、分子光谱的根本原理以及平衡态等基本问题，涉及热力学、动力学、量子力学、统计力学等重要物理研究领域。物理化学和化学物理两者差异不大，就看研究者所关注或偏向的具体层面而定。大体而言，物理化学为四大学科中最讲究数值精确以及理论架构严谨性的学科。

2. 分析化学

是开发分析物质成分和结构的方法，使得化学成分得以定性和定量，化学结构得以确定的一门学科。化学家在实验技术和基础知识上的训练，皆得力于分析化学。当代分析化学着重仪器分析，常用的分析仪器有几大类，包括原子与分子光谱仪、电化学分析仪器、核磁共振仪器、X光仪器以及质谱仪。

3. 有机化学

研究由碳、氢、氧、氮、硫等元素组成的化合物的化学学科。其主要研究有机化合物的合成途径和方法、结构与物理性质。由于有机化学高度的应用性和悠久的发展历史，通常被普通大众视为当代化学的代名词。有机合成和新反应途径的开发，对于新药物、新材料等的开发都极为重要，对化学工业有极大的影响。

4. 无机化学

是研究无机物质的组成、性质、结构和反应的科学，它是化学中最古老的分支学科。无机物质包括所有化学元素，不含碳元素的纯净物和其他几种的简单的碳化合物，除二氧化碳、一氧化碳、碳酸、二硫化碳、碳酸盐等简单的碳化合物仍属无机物质外，其余均属于有机物质。有机化学和无机化学领域常有重叠，甚至有时密不可分。有机金属化学就是一门结合有机化学和无机化学领域的学科。

今日化学

近年来，化学与其他学科的关系越来越紧密，化学理论和分析方法也日益完善。随着一些新概念的出现，化学出现了多个分支，形成了不同的分析领域，运用比较广泛的有以下几种。

1. 计算机与化学

借助于计算机技术的发展，大大提高了用量子力学处理问题的能力，量子力学的应用研究也蓬勃发展起来了。化学技术的改革，正在继续向着高灵敏度、高分辨率、快速、自动的方向发展。

2. 生物与化学

化学研究扩展到生命研究的领域后，在蛋白质和核酸两大类生命基础物质的研究中，取得了重大突破。化学是一门基础学科，它与社会多方面的需要有关，要为全人类的衣、食、住、行，要为日益减少和稀缺的材料提供替代用品。开发能源、保护环境等都要靠化学作为强有力的助手。

3. 新材料与化学

在21世纪，材料、能源和信息是构成社会文明和国民经济的三大支柱，材料化学是从化学的角度研究材料设计、制备、组成、结构等的一门学科。它既是材料科学的一个重要分支，又是化学学科的一个组成部分。随着国民经济的迅速发展以及材料科学和化学科

基因工程是生物化学研究的主要课题之一

学领域的不断进展，作为新兴学科的材料化学发展日新月异。

4．能源与化学

能源是人类赖以生存与发展的基础。能源工业在很大程度上依赖于化学，能源消费的90%以上依靠化学技术，未来可再生能源的开发更离不开以化学为核心的技术的发展。

5．环境与化学

目前，人类环境问题、能源资源问题已经摆在化学的面前，要求化学全力以赴加以解决：运用现代仪器技术和现代化学理论协调控制化学反应速率的因子，开辟合成反应的新途径，寻找新材料，降低反应过程中能量的损耗，提高反应效率。

第三节 中国的贡献

中国在世界化学史上作出的贡献是巨大的。大约5000-11000年前，中国人已经开始制作陶器，3000多年前的商朝开始出现精美的青铜器，造纸、瓷器、火药更是化学史上的伟大发明。在16、17世纪，中国可谓是世界上化学发展最先进的国家之一。

中国古代化学的主要成就表现在以下几个方面。

1. 发明了精美的陶瓷技术

中国早在约1万年前的新石器时代就已经发明了原始的制陶术，成为世界上最早能够制陶的国家之一。在距今约五六千年以前，在今河南地区就出现了具有红、黑图饰的“彩陶”制品，反映了当时已经具有了相当高的制陶技术和社会文化水平，形成了著名的“彩陶文化”。在约4500年前，中国的先民在不断改进制陶技术的基础上，开始用较纯净和精细的瓷土取代粗糙的陶土为原料，制胎和挂釉，并以较高温度进行煅烧，制出了世界上最早的原始瓷器。到了汉代，由于烧瓷技术不断改进，中国已能造出精细的青瓷。以后，再经晋、唐、两宋

新石器时代彩陶

到明，历代名窑已能制出极其精美的瓷器，并远销国外，受到各国人民的盛赞，对世界文化的发展作出了重大贡献。“瓷”几乎已经成了“中国”的代名词。瓷器的发明是中国古代化学取得的一项杰出成就。

2．掌握了超群的冶金技术

（1）青铜冶炼。早在公元前14世纪的商代，中国就掌握了高超的青铜冶炼技术，制出了造型复杂、精巧、庄重、雄伟的青铜器，已经达到较高的水平和成熟的技术，为世界其他地区所不及。特别是在战国至汉代成书的《考工记》中，还提出了以六种不同的铜锡配比冶炼不同性能的青铜的“六齐”规则，成为世界上最早总结青铜冶炼规律的书籍，反映了当时中国劳动人民超群的冶炼水平。

青铜器四羊方尊

（2）铸铁冶炼。中国铸铁的发明出现在公元前5世纪，欧洲则迟至公元后的15世纪。由于铸铁的性能远高于块铁，所以真正的铁器时代是从铸铁诞生后开始的。社会发展的历史表明，铸铁的出现是社会生产力提高和社会进步的主要标志。中国从块铁到铸铁发明的过渡只用了约一个世纪的时间，西方则经历了近3000年的漫长路程。中国古代炼铁技术发展得如此迅速是世界上绝无仅有的。英国著名科学史家贝尔纳说，这是世界炼铁史上的一个唯一的例外。

（3）球墨铸铁冶炼。以铸铁柔化制造球墨铸铁的技术，国际学术界一直以为是在1947年由英国人发明的，但是，在1981年经中国学者关洪野等人对513件出土的汉魏时期铁器研究后表明，中国早在汉代就已经发明了球墨铸铁，远远早于发达的欧洲国家。

3．首创了造纸术

中国是世界上最早发明造纸的国家。早在西汉时代就已经出现了原始的造纸术，主要是用化学和机械方法处理麻类植物纤维，使之分散成浆，

蔡伦

汉代造纸工艺流程图

进而制成纸。公元105年，东汉的蔡伦认识到了这种供书写用的廉价材料对社会文化发展的重大意义，为此他周游全国各地，广泛收集造纸经验，并加以综合、改进和提高，发明了一套完整的造纸方法，使造纸术得以广为应用。公元751年，中国造纸术传到中亚，并于10世纪传到非洲，11世纪再传到欧洲，17世纪又传到美洲，在全世界得以推广，对全人类文明的建设和发展产生了难以估量的巨大作用。

4．发明了火药

中国炼丹家至迟在公元8世纪的唐代就在世界上最早发明了火药，首次实现了人工化学爆炸。在《真元妙道要略》中已经明确提到："有以硫黄、雄黄合硝石并密烧之，焰起，烧手面及烬屋舍者。"这可能是人类关于火药的最早记载。

中国不仅首先发明了火药，而且首先把火药用于军事，制造了火器。公元970年，北宋兵部令史冯继升把火药用于弓箭，制出"弓火箭"，成为早期的火器。公元11世纪，在曾公亮编著的《武经总要》中已经记载了毒药烟球、蒺藜火球及火炮三种火器所用火药的配方。这是世界上现存最早的军用火药配方，至少要比欧洲早100多年。中国的火药和火器在13世纪时传入阿拉伯，后又传入欧洲，成为欧洲新兴资产阶级向封建势力进行斗争的有力武器，以此打破了封建社会的森严壁垒。所以，马克思把火药、指南针和印刷术等三大发明称为资产阶级发展的必要的先决条件，对欧洲近代社会的发展起到了重大推动作用。

5. 最早发现和开采了石油

世界上最早发现的石油是在中国现今陕西省延安地区的延河流域。据东汉著名历史学家班固所著《汉书·地理志》记载："上郡高奴县（指延安一带），有洧水，肥可燃。"据考证，这是目前对石油最早的记载。

世界上第一个为石油命名的人，是我国北宋大科学家沈括。他于1080年到延河流域考察后在所著《梦溪笔谈》中记载："石油至多，生于地中无穷，此物后必大行于世。"第一次综合了"可燃水""肥""石漆""石蜡水"等名称，提出了"石油"这个科学的命名。

我国又是开采石油最早的国家，1303年前延长县就有石油井的存在。据1303年成书的《大元一统志》记载，"在延长县南迎河，有凿开石油一井，其油可燃，兼治六畜疥癣"，又"延川县西北八十里，永坪村有一井……"1907年，我国大陆第一口油井在延长县七里村打成。国务院原副总理康世恩在1985年曾为现存延长县西桥小学校园内的这口油井题写了"中国陆上第一口油井"的字。

而现代中国在化学上的重大成就主要有以下几个方面。

（1）联合制碱法。又称为侯氏制碱法，是我国著名的化学工程专家侯德榜在1942年创造发明了联合制碱法，该制碱法比当时通行的比利时的索尔维制碱法更先进、更环保，成本更低。

（2）人工合成牛胰岛素。

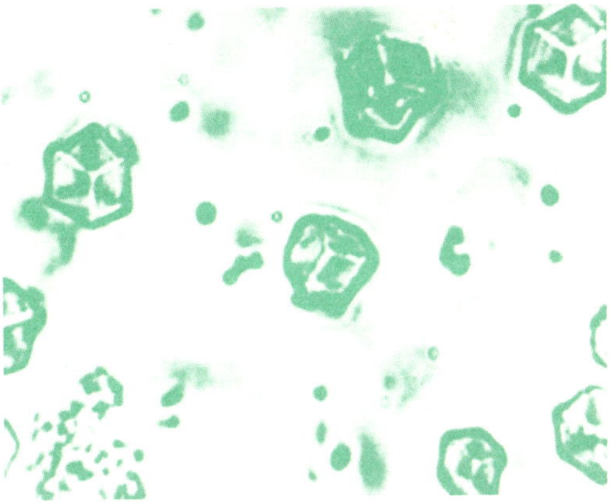

结晶牛胰岛素

1965年6月，中国科学院上海生物化学研究所、中国科学院上海有机化学研究所和北京大学生物系共同协作，在世界上第一次用人工的方法，合成了具有生物活性的蛋白质——结晶牛胰岛素。凭这一成果获得当年的诺贝尔化学奖是完全够格的，可由于署名问题，中国科学家与诺贝尔奖擦肩而过。

（3）人工合成核酸。1981年11月，中国科学家人工合成了酵母丙氨酸转移核糖核酸。这是世界上首次人工合成的具有与相应天然分子相同化学结构和完整生物活性的核糖核酸。

第二章 

人物故事

Stories of The Famous Men in Chemistry

第一节 蔡伦造纸

知识链接

蔡伦，我国东汉和帝时的宦官，曾任主管制造御用器物的尚方令。他总结了西汉以来的造纸经验，用树皮、碎布、破鱼网为原料，经过精工细作，造出优质纸，被称为“蔡侯纸”。到了唐代，造纸技术传到阿拉伯，后相继传到埃及、摩洛哥、西班牙，直到全欧洲。

纸张未发明以前，我国使用的书写材料主要有甲骨、简牍和缣帛等。甲骨的来源有限，刻字、携带、保管都不方便。简牍的分量也不轻，使用起来仍然不便。缣帛是由蚕丝制成的丝织品，虽然书写、携带都很方便，但量少价贵，难以普及。

蔡伦是东汉时期皇宫里的太监。他先是掌管皇宫内院事务，后来成为监制各种御用器物的皇家工场的负责人。在工作中，蔡伦看到皇上每日批阅大量简牍帛书，劳神费力，就想着制造一种更简便且廉价的书写材料，让天下的文书都变得轻便，易于使用。

传说有一天，蔡伦带着几名小太监出宫办事，来到一条小河旁，只见溪水清澈，两岸树茂草丰、鸟语花香，景色十分宜人。正在欣赏风景，蔡伦忽见溪水中积聚了一簇枯枝，上面挂浮着一层薄薄的白色絮状物，不由得眼睛一亮，蹲下身去，用树枝挑起细看。只见这东西虽然轻薄，但有韧性，犹如丝绵。

竹简

汉代帛书

蔡伦想到工场里制作丝绵时，茧丝漂洗完后，总有一些残絮遗留在篾席上。篾席晾干后，那上面就会附着一层由残絮交织成的薄片，揭下来，写字十分方便。溪中这东西和那残絮十分相似，也不知是何物。

他立即命小太监找来河旁的农夫询问。农夫说道：“这是涨河时冲下来的树皮，又冲又泡，又沤又晒，就成了这烂絮了。”蔡伦赶紧问道：“这是什么树的树皮？”农夫回答：“是岸上的构树（别名楮桃）的树皮！”蔡伦朝岸边望去，不由得笑了。

几天后，蔡伦率领几名皇室作坊中的技工来到这里，利用丰富的水源和树木资源，开始了试制。剥树皮，捣碎，泡烂，再加入沤松的麻缕，制成稀浆，用竹篾捞出薄薄一层晾干，揭下，便造出了最初的纸。但一试用，大家发现这种纸容易破烂。于是，技工们又将破布、烂鱼网捣碎，将制丝时遗留的残絮掺进浆中，再制成的纸便不容易破了。为了加快制纸进度，蔡伦又指挥大家盖起了烘焙房，将湿纸上墙烘干，这样一来不仅干得快，而且纸张十分平整。

蔡伦将制作好的纸张进献给和帝。和帝试用后龙颜大悦，当天就来到造纸作坊，查看了造纸过程，回宫后重赏蔡伦，并诏告天下推广造纸技术。

后来，邓太后见蔡伦的纸越造越好，能厚能薄，质细而有韧性，兼有简牍价廉、缣帛平滑的优点，而且无竹木笨重、丝帛昂贵的缺点，便封蔡伦为“龙亭侯”，赐地三百户，不久又加封其为“长乐太仆”。后来，人们便把这种新的书写材料称为“蔡侯纸”。

第二节 沈括记录"胆水炼铜"

知识链接

沈括，是我国历史上一位卓越的科学家，精通天文、数学、物理学、化学、地质学、气象学、地理学、农学和医学。其著作《梦溪笔谈》，反映了我国北宋时期自然科学达到的高度，在世界科技史上占据十分重要的地位。

沈括

沈括在《梦溪笔谈》这本书中最早记载了石油的用途，并预言"此物后必大行于世"。我国古代称石油为"石漆"，唐代叫作"石脂水"，沈括第一个提出了"石油"这个科学的命名，后来世界各国也基本上采用了"石油"这一名称，并沿用至今。

沈括生于北宋官宦家庭，他的父亲做过福建泉州、河南开封、江苏南京、四川成都的知府，使得沈括有机会随父亲走过全国许多地方。每到一地，他都很关注当地与自然科学相关的新鲜事。

据记载，他随父亲居住在福建泉州时，就听说江西铅山县有一泓泉水不是甜的，而是苦的，被称为"胆水"。当地村民将苦泉水放在锅中熬煮，熬

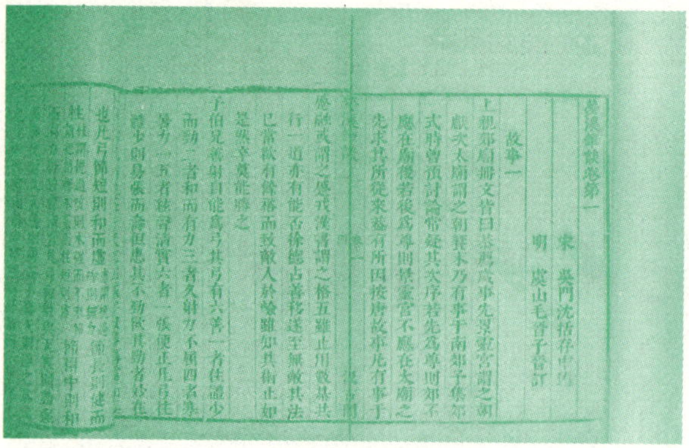

《梦溪笔谈》

干后就得到了黄灿灿的铜。他对这一传说很感兴趣，意识到其宝贵的科学价值，于是就不远千里来到铅山县，看到了村民“胆水炼铜”的过程，并在《梦溪笔谈》中记录下来。这是我国有关“胆水炼铜”的最早记载。

其实，“胆水”就是亚硫酸溶液。村民将“胆水”放在铁锅中熬煮，生成了“胆凡”，这“胆凡”就是亚硫酸铜，亚硫酸铜在铁锅中经过熬煮，与铁产生了化学反应，就分解成铜与铁。

由于历史的局限，沈括还不能明确地揭示“胆水炼铜”的化学原理，但阐述了“胆水炼铜”的全过程，并记录了在铅山县周围有一个规模不小的铜矿。

他的记载具有巨大的经济价值，后来人们沿着铅山县的“胆水”往北寻找，在贵溪县果然找到了巨大的铜矿，这座铜矿就是现在江西铜业公司的开采地。如今，江西铜业公司的电解铜产量在国内居第一位，在世界居第三位。

第三节　宋应星与《天工开物》

知识链接

宋应星，字长庚，我国明代著明的科学家。一生著作很多，在自然科学方面的代表作是《天工开物》。该书详细记载了17世纪中国农业、工业、手工业生产领域中的130多项生产技术，被誉为“中国古代科技百科全书”，在中外科技史上有着极其重要的价值和历史地位。据说，该书发表之后轰动全欧洲，在日本兴起“开物之学”。

宋应星

宋应星出身于书香门第，族人世代读书，举人、秀才层出不穷。宋应星幼时聪明好学，深得老师及长辈的喜爱。他个性活泼，对枯燥乏味的八股文不感兴趣，喜欢音乐、作诗，常与同窗好友游山玩水，吟诗作赋，纵论天下。他还喜欢学习被当时读书人称为“旁门左道”的各种物件的制作技术。

有一次，他去一个朋友家里做客。朋友家摆满了许多大小、形状、颜色、图案都不同的花瓶。宋应星立即对这些陶土制成的花瓶产生了兴趣，不断向主人询问这些花瓶的制作方法。同行的朋友对他的做法十分不懈，说道："这些花瓶的制造方法不过是雕虫小技罢了，不是我们读书人应该学习的。"宋应星不以为然地说道："我们不知道这些日常生活用品是怎么来的，只说明我们无知，怎么能简单地将其看作雕虫小技呢？"从此以后，他开始留心做各种技艺资料的收集和记录。

万历四十三年（1615年），宋应星与哥哥宋应升一起赴省城南昌参加乡试。在一万多名考生中，宋应星考取全省第三名，成为举人。但后来，宋应星经历了几次科举，都遭遇失败，开始意识到封建选仕制度的弊端，便打消了做官的念头，回乡去侍奉母亲。在会试途中，他行程数万里，做了广泛的社会调查，对南北各地的农业和手工业生产做了大量的详细的科学考察，收集了丰富的资料。

崇祯八年（1635年），宋应星到分宜县任县学教谕（教师）。在分宜县任教四年中，宋应星利用业余时间开始写书。清兵入关，建都北京后，宋应星便过起了隐居的生活，多次拒绝清王朝的委任，在贫困中度过了晚年。

宋应星才大学博，研究领域涉及自然科学及人文科学的不同学科，是一位百科全书式的学者。50岁那年，宋应星连续完成了《画音归正》《原耗》《野议》等著作。次年，著作《天工开物》正式完成。《天工开物》是宋应星的代表作，共3卷18章，对饮食、衣服、燃料，以及制陶、制纸、造船、采矿等的原料原产地和工作经过，都进行了详细的说明。如我国的采矿业自古以来没有专书记述，只有一些零星记录，《天工开物》却详尽地阐述了有关矿产的种类、产地、采掘方法和采掘经验。

在撰作过程中，宋应星十分重视调查和实验，虚心地向农夫和工匠请教，对一些关键技术和操作要点总要亲自实践体会。他对金、铜、银比重的描绘和对黄金成色的测定、对油料出油率的统计，以及对生产器具和产品长、宽、高、深、重量、容积、比率等技术指标所做精确记述，无一不是运用数量、比重等数学和物理方法亲自"穷究试验"的结果，并由此把劳动者生产实践中积累的经验，总结上升到科学的理论概括阶段。《天工开物》作为反映资本主义萌芽时期工农业生产技术的科技百科全书，不但在中国科技史上前所未见，树立了光辉的里程碑，而且在世界科学技术从

挖煤图

炼铁图

古代中世纪传统向近代科学转变的潮流中也居于前列，产生了深远影响。

《天工开物》于17世纪末传入日本大阪，很快就被翻刻流传，受到日本各界的重视，成为一本基础读物，并兴起了“开物之学”的风潮。随后，它又被传到朝鲜，被转译成法文、英文、德文、意大利文和俄文。达尔文读到此书后，立即给予高度评价，反复引证说：“在一部古代的中国百科全书中，已有关于物竞天择原理的明确记述。”直到民国初年，才有国人在日本发现《天工开物》的重印本，并把它带回国内。这时，人们才知道宋应星是一位伟大的科学技术研究者。

明、清两朝封建思想笼罩了整个社会，天文、地理、农艺、医药、数算之类的科学技术视为末流小技，得不到官方应有的倡导扶持，而国人又把这些技术看作“祖传秘方”，只在家族内部传承。宋应星“不求闻达”，辛勤探索，在没有老师可请教，没有志同道合的朋友可以商讨的情况下，到各种生产场所参观，向工人仔细请教各种生产的技术。他凭借个人的不懈努力，终于完成了巨著《天工开物》的写作。

第四节 卢嘉锡与“毛估法”

知识链接

卢嘉锡，我国著名的物理化学家、化学教育家和科技组织领导者。自1950年后历任厦门大学理学院院长、研究部部长，福州大学副校长，中国科学院福建物质结构研究所研究员、所长，还曾任中国科学院院长等职。他的研究工作涉及物理化学、结构化学、核化学和材料科学等多个学科领域，对中国原子簇化学的发展起到了重要推动作用。

卢嘉锡

“假如设计一座桥梁，小数点错一位可就要出大问题、犯大错误，今天我扣你的分数，就因为你把小数点放错了地方。”1933年，在一次随机的考测之后，正读大学三年级的卢嘉锡因为写错一位小数点，被老师扣了这道题的大半分数。

听了老师的话之后，卢嘉锡理解了老师扣重分的一片苦心，进而又思考如何才能避免诸如点错小数点之类不应有的错误呢？当静下心来检查出错的原因时，他发现问题不仅仅出在一时的疏忽上，因为他的计算结果在数量级上明显地不合理；如果解题时能够认真对照分析一下题目所给的条件，错误是完全可以及时发现和纠正过来的。而自己之所以出错，根本原因就在于自己心中对解题的目标没有“谱”。

美国加州理工学院

从此以后，不论是考试还是做习题，卢嘉锡总要千方百计地根据题意提出简单而又合理的物理模型，从而毛估一个答案的大致范围（数量级），如果计算的结果超出这个范围，就赶快仔细检查一下计算的方法和过程。这种做法使他有效地克服了因偶然疏忽而可能导致的差错。

后来，卢嘉锡走上了化学研究之路。他发现化学研究同样需要进行毛估，或者说进行科学的猜想。1939年秋，在导师萨格登教授的指点和推荐下，卢嘉锡赴美国加州理工学院，来到当时很有名气的结构化学家鲍林教授的身边，探索物质和微观结构的奥秘。而这正是他最感兴趣的。

结构化学是一门在分子和原子层面上研究物质的微观结构及其与宏观性之间相互关系的新兴学科，不过当时的研究手段还处在初级阶段。鲍林教授往往根据某种物质的化学式，通过“毛估”大体上想象出这种物质的分子结构模型。

鲍林教授靠的是一种毛估，为什么自己就不能呢？在反复揣摩之后，卢嘉锡领悟到，科学上的毛估需要有非凡的想象力，而这种想象力需要扎实的基础理论知识和丰富的科研实践经验。于是，在工作中他更加勤奋刻苦，孜

卢嘉锡展示“福州模型”

孜以求。

1973年，当时的科学水平距离解开固氮酶晶体结构之谜还有相当一段路程。然而正是在这个时候，卢嘉锡在组织开展一系列实验研究的基础上，就提出了固氮酶活性中心的“原子簇”模型。1992年，实际的固氮酶基本结构终于由美国人测定出来，先前各国学者所提出的种种设想都与这种实际测定的结构不尽相符，然而作为世界上最早提出的固氮酶结构基本模型之一——卢嘉锡提出的“福州模型”，基本上近似地反映了固氮酶活性中心所具有的重要本质。他的毛估本领不能不让人由衷叹服！

卢嘉锡特别重视“毛估法”方法的运用，他希望有志献身科学的人们，在立题研究之初就能定性地提出比较合理的基本“结构模型”（通常表现为某种科学设想或假说）。但运用“毛估法”需要有个科学的前提，那就是全面地把握事物的本质，否则毛估就可能变成瞎估。

第五节　门捷列夫与元素周期律

知识链接

门捷列夫，19世纪俄国化学家，他发表了世界上第一份元素周期表。他的名著、伴随着元素周期律而诞生的《化学原理》，在19世纪后期和20世纪初被国际化学界公认为标准著作，影响了一代又一代的化学家。

门捷列夫

化学元素不是一群乌合之众，而是像一支训练有素的军队，按照严格的命令井然有序地排列着。俄国化学家门捷列夫发现：元素的原子量相等或相近的，性质相似相近；而且，元素的性质和它们的原子量呈周期性的变化。他把当时已发现的60多种元素按其原子量和性质排列成一张表，结果发现，从任何一种元素算起，每数到第八个元素就和第一个元素的性质相近，他把这个规律称为“八音律”。

1834年2月7日，门捷列夫诞生于西伯利亚的托博尔斯克。16岁时，他进入圣彼得堡师范学院自然科学教育系学习，毕业后去德国深造，集中精力研究物理化学。1861年回国，他在圣彼得堡大学任教授。

门捷列夫在教学过程中编写无机化学讲义，编写到有关化学元素及其化合物性质的章节时，遇到了难题：按照什么次序排列它们的位置呢？当时化学界发现的化学元素已达63种，为了寻找元素的科学分类方法，他不得不研究有关元素之间的内在联系。

为此，他迈进了圣彼得堡大学的图书馆，在数不尽的卷帙中逐一整理以往人们研究化学元素分类的原始资料……门捷列夫抓住了化学家研究元素分类的历史脉络，夜以继日地分析思考，简直着了迷。

夜深人静时，圣彼得堡大学主楼左侧的门捷列夫的居室仍然亮着灯光，仆人为了安全起见，推开了门捷列夫书房的门，想催促他早点休息。门捷列夫看到仆人进来，便说道：“到实验室去找几张厚纸来。”仆人不知道门捷列夫要做什么，还是很快就拿来一卷厚纸。门捷列夫一边吩咐仆

圣彼得堡大学

人把纸剪开，一边动手在厚纸上画出格子。“所有的卡片都要像这个格子一样大小，我要在上面写字。”

门捷列夫不知疲倦地工作着。他在每一张卡片上都写上了元素名称、原子量、化合物的化学式和主要性质，纸筐里逐渐装满了卡片。然后，门捷列夫把它们分成几类，摆放在一个宽大的实验台上。

在接下来的日子中，门捷列夫把元素卡片进行系统的整理，摆弄这些“纸牌”。他旁若无人，每天手拿元素卡片收起、摆开，再收起、再摆

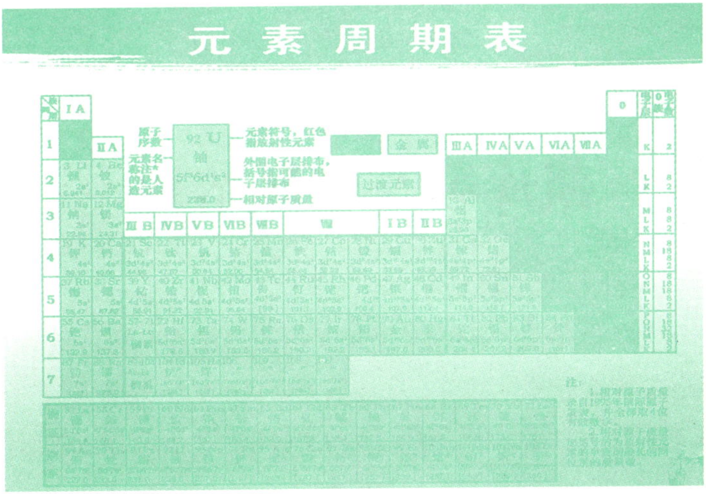

元素周期表

开……一天天过去了，门捷列夫没能在杂乱无章的元素卡片中找到内在的规律。

这一天，门捷列夫又坐到桌前摆弄起“纸牌”来了，摆着摆着，他像触电似的站了起来，因为在他面前出现了完全没有预料到的现象——每一行元素的性质都是按照原子量的增大而从上到下逐渐变化着。这就是说，元素的性质与它们的原子量呈周期性有关系。门捷列夫激动得双手颤抖起来，兴奋地在室内踱着步子，然后抓起记事簿在上面快速地写道：“根据元素原子量及其化学性质的近似性试排元素表。”

1869年2月底，门捷列夫终于在化学元素符号的排列中，发现了元素具有周期性变化的规律。

第六节 凯库勒与苯环结构

知识链接

凯库勒，德国化学家，1875年当选为英国皇家学会会员，1877年任波恩大学校长，主要研究有机化合物的结构理论。他在梦中发现了苯的结构简式，被称为化学界的一大美谈。

凯库勒1829年出生于德国的达姆施塔特市，中学时就懂四门外语，从小热爱建筑，立志长大后要当一名优秀的建筑大师。18岁时，他以优异的成绩考入吉森大学。这是德国当时最为著名的一所大学，这所大学还拥有一批知名度极高的教授，而且允许学生可以不受专业限制地选择自己喜爱的教授的课程。

凯库勒

在一个偶然的机会，凯库勒认识了李比希教授，他决定去听听李比希教授的化学课。课堂上，李比希教授幽默的语言、广博的知识把凯库勒带入了一个全新的世界。这个世界强烈地吸引着凯库勒，使他对化学产生了极大的兴趣。自此，凯库勒就常去听李比希的化学课，渐渐地对化学研究着了魔。不久，凯库勒不顾家人反对，放弃了建筑学，立志转学化学。

1849年秋天，他进入李比希实验室，从此走上了化学研究的道路。

从1861年起，凯库勒开始研究苯的结构。因为早年受到建筑师的训练，具有一定的形象思维能力，他善于运用模型方法把化合物的性能与结构联系起来。

德国吉森大学

1864年的一个冬夜，他坐在书房写教科书，但工作没有多大进展。于是，他把椅子转向炉火，打起瞌睡来了。半醒半睡间，原子在他眼前跳跃起来，他能分辨出有时紧密地靠近在一起的长行分子，它围绕着旋转，像蛇一样地动着。这时，这一条蛇咬住了自己的尾巴，这个形状虚幻地在他的眼前旋转着。像是电光一闪，他醒了，原来是一场梦，但是梦中的情形那么清晰。接下来，凯库勒根据梦境作出了一个假想，首次满意地写出了苯的结构式。苯环结构的诞生，是有机化学发展史上的一块里程碑。

后来，凯库勒指出芳香族化合物的结构含有封闭的碳原子环，不同于具有开链结构的脂肪族化合物。凯库勒认为，苯环中6个碳原子是由单键与双键交替相连的，以保持碳原子为四价。

凯库勒不仅表述了关于碳链的见解，而且陆续地提出了有机化合物的结构理论，指出饱和碳氢化合物的组成通式为C_nH_{2n+2}。他还指出，如果用简单转化的方法从一种物质中制取另一种物质，那么，可以认为在这类化合物中碳原子的排列是不变的。发生转化时，所改变的仅仅是除碳原子外的别种原子的位置和它们的类型。

心理学告诉我们，日有所思才会夜有所梦。凯库勒受到梦境的启示，发现苯的环状结构，从表面上看是一种偶然，但实际上这正是他连续几个月来日夜思考而导致的必然。

凯库勒的创造性贡献，奠定了他在有机化学结构发展史上的显赫地位，使得人类对有机化学结构的认识产生了一大飞跃。

第三章

自然探秘

Explore the Secret of Chemistry in Nature

第一节 活泼的氧气

氧气，化学式O_2，无色无味气体，在自然界中分布最广。氧元素占地壳质量的48.6%，是地壳中丰度最高的元素。氧气是空气的主要成分之一，地球上一切生命体每时每刻都离不开氧气。

氧气的发现

氧气的发现经历过一段曲折的历史。18世纪初，德国化学家施塔尔等人提出“燃素理论”，认为一切可以燃烧的物质由灰和“燃素”组成，物质燃烧后剩下来的是灰，而燃素本身变成了光和热，散逸到空间去了。但随着欧洲工业革命的发展，金属的冶炼和煅烧在生产实践中给化学提出了许多新问题，冲击着“燃素理论”。

约在1772年，瑞典化学家舍勒在加热红色的氧化汞、黑色的氧化锰、硝石等时制得了氧气，把燃烧着的蜡烛放在这种气体中，火烧得更旺了，他便把这种气体称为“火空气”。他还将磷、硫化钾等放置在密闭的玻璃罩内的水面上燃烧，经过一段时间后，罩内的水面上升了1/5的高度。接着，舍勒把一支点燃的蜡烛放进剩余的空气里，不一会儿，蜡烛熄灭了。由此，他认为空气是由两种不同的成分组成的，把不能支持蜡烛燃烧的空气称为“无效的空气”。

舍勒

1774年8月，英国科学家普利斯特里在用聚光透镜加热密闭在玻璃罩内的氧化汞时得到了氧气，他发现物质在这种气体里燃烧得比在空气中更强烈，于是他称这种气体为“脱去燃素的空气”。

舍勒和普利斯特里虽然先后独立地发现了氧气，但由于他们墨守陈旧的“燃素说”，没有意识到自己发现了一种新物质，只有同时代的拉瓦锡对“燃素说”产生了怀疑，并最终公布了氧气的发现。

正是拉瓦锡的实验和结论，使当时的化学研究者们正确地认识了空气的组成成分和氧气对物质燃烧所起的作用，这才击破了“燃素学说”，使得后来的化学研究走向正确的方向。拉瓦锡一生虽然没有发明过什么新化合物和新化学反应，但他是历史上最杰出的化学家之一，其杰出的天才表现在他能看到旧理论的主要弱点，并能把有用的事实和更正确、更全面的新理论结合起来。

1777年，拉瓦锡命名此种气体为Oxygen（氧），希腊文的意思是“酸素”，它的化学符号为O。我国清末学者徐寿把这种气体称为“洋气”，后来为了统一，取了其中的“羊”字，又加了部首气字头，成为今天我们使用的“氧”字。

1998年6月19日，《中国科学报》刊载了由顾关元同志撰写的《漫话氧的发现》一文。文章指出，我国对于氧气的提炼和研究，早在唐朝就开始了。同时，作者进一步指出，鉴于我国南北朝时期炼丹术已经很流行，当时的人就知道用火硝加热等方法，所以我国对氧气的最早发现时间可能更早，大概在公元6世纪。

氧气的制备

空气和水是制取氧气的主要原料，工业上使用的氧气大约有97%是从空气中提取的，3%来自电解水。

工业上制取氧气，主要是通过物理方法液化空气，然后分馏制氧。之后把所得的氧气压入高压钢瓶中储存，便于运输和使用。此方法制得的氧气，纯度高达99.5%。

实验室中制备氧气最常用的方法有以下几种。

（1）MnO_2为催化剂，加热分解氯酸钾：$2KClO_3 \xrightarrow[\Delta]{MnO_2} 2KCl+3O_2\uparrow$

（2）MnO_2为催化剂，常温分解过氧化氢溶液：$2H_2O_2 \xlongequal{MnO_2} 2H_2O+O_2\uparrow$

（3）加热分解高锰酸钾粉末：$2KMnO_4 \xlongequal{\triangle} K_2MnO_4+MnO_2+O_2\uparrow$

（4）电解水：$2H_2O \xlongequal{电解} 2H_2\uparrow+O_2\uparrow$

氧气的用途

一、氧是心脏的“动力源”

清新的空气中富含氧气

氧是人体进行新陈代谢的关键物质，是人体生命活动的第一需要。大气中的氧气通过人体的呼吸器官，转化为人体内可利用的氧，称为血氧。血液携带血氧向全身输入能源，血氧的输送量与心脏、大脑的工作状态密切相关。心脏泵血能力越强，血氧的含量就越高；心脏冠状动脉的输血能力越强，血氧输送到心脑及全身的浓度就越高，人体重要器官的运行状态就越好。

二、增加吸氧量可减少术后感染及止吐

美国的《新英格兰医学杂志》发表过一项新的研究成果，据奥地利、美国及澳大利亚的麻醉医师报告，只要在手术中和手术后给病人增加吸氧量，病人术后感染的危险将降低一半。因为增氧可以提高免疫系统的免疫能力，可为患者的“免疫大军”提供更多“弹药”，杀死伤口部位的细菌。

这项研究是在奥地利维也纳和德国汉堡医院的500名患者身上进行的。其过程是：在整个手术期间和术后两个小时，为第一组250名患者实施含30%氧的麻醉，另一组250名患者在同一时间内接受含80%氧的麻醉。结果，第一组手术后有28人感染，而第二组手术后只有13人感染。

麻醉病人在术后发生恶心或呕吐颇为常见。进行此项研究的麻醉师说，增加吸氧比使用所有止吐药效果更为明显，且无危险，价格低廉。氧气防止呕吐的机制可能是防止肠道局部缺血，从而阻止催吐因子的释放。

但是，完全用氧而不用一氧化氮是不可取的，因为这有可能使病人在手术中觉醒。

三、高压氧治疗牙周病效果好

牙周病指的是牙龈、牙周膜和牙槽骨的炎症、变形、萎缩，最后导致牙齿松动、脱落的一种慢性进行性疾病。患了牙周病，会有牙龈充血、红肿、出血、牙龈沟加深等症状，如果不及时治疗，会造成牙周袋溢脓，有口臭，牙齿松动，并常伴有牙龈退缩。

医务工作者用高压氧治疗牙周病，取得了良好的疗效。高压氧治疗牙周病可提高牙周病局部组织的氧含量和氧的弥散距离，促进侧枝循环的重建，改善局部循环。血管收缩效应可缓解局部肿胀。另外，高压氧还能有效抑制细菌，尤其是厌氧菌的生长繁殖，改善牙周组织的供血、供氧，促进新陈代谢，以利于局部组织修复，达到抗炎、消肿、止血和除臭的目的。

四、过度吸氧的负作用

早在19世纪中叶，英国科学家保尔·伯特首先发现，如果让动物呼吸纯氧会引起中毒，人类也一样。人如果在大于0.05MPa（半个大气压）的纯氧环境中，对所有的细胞都有毒害作用，吸入时间过长，就可能发生“氧中毒”。肺部毛细管屏障被破坏，导致肺水肿、肺淤血和出血，严重影响呼吸功能，进而使各脏器缺氧而发生损害。在0.1MPa（1个大气压）的纯氧环境中，人只能存活24小时，就会发生肺炎，最终导致呼吸衰竭、窒息而死。人在0.2MPa（2个大气压）高压纯氧环境中，最多可停留1.5–2小时，超过了会引起脑中毒，生命节奏紊乱，精神错乱，记忆丧失。如加入0.3MPa（3个大气压）甚至更高的氧，人会在数分钟内发生脑细胞变性坏死，抽搐昏迷，最终死亡。

此外，过量吸氧还会加速生命衰老。进入人体的氧与细胞中的氧化酶发生反应，可生成过氧化氢，进而变成脂褐素。这种脂褐素是加速细胞衰老的有害物质，如果它堆积在心肌，使心肌细胞老化，心功能减退；堆积在血管壁上，造成血管老化和硬化；堆积在肝脏，削弱肝功能；堆积在大脑，引起智力下降，记忆力衰退，人变得痴呆；堆积在皮肤上，就会形成老年斑。

学以致用

如何给鱼塘增氧？

鱼塘缺氧容易造成鱼类大规模死亡，因此在养殖过程中应注意氧气的补充。今天为大家介绍三种补氧方式，可根据实际情况进行选择。

鱼塘加氧

生物增氧法。浮游生物在进行光合作用时释放出的氧，是越冬鱼池水体营养的主要来源。因此，将水质较肥的鱼池水注入越冬鱼池，肥水浮游植物多，通过光合作用，能显著提高池水的溶氧量。但注水量不要超过池水的1/5。如果池水清瘦，每亩水面可施加0.5 ~ 1kg尿素和过磷酸钙。但应注意不能施用有机肥料，防止污染水质。每20天左右泼洒一次生石灰，澄清水质，提高水体透明度，从而使太阳光射入水体的量增加，增强光合作用。

化学增氧。对温室越冬和水箱越冬等养鱼的小型水库，缺氧时可加入化学药品增氧急救，如过氧化钙或过氧化氢等。在每立方米水中加10 ~ 20mg过氧化钙和过氧化氢，即可起到增氧1 ~ 2mL/L的作用。但必须注意用量适度，不可太多，以防对鱼体造成危害。

机械增氧。一是用动力带动气泵，将空气压入铺设于水下的充气管中，充气管上有许多密集小孔，使空气扩散到水中，增加水体溶氧量。二是循环注水。即把相近的2个鱼池，在池一角用水泥管接通，在另一角用机械将一池水抽向另一池水，两鱼池水体循环，使水体与空气接触面增大，提高水体溶氧量。三是搅动塘水。在严冬季节，打破鱼塘表层的冰，搅动鱼塘底层水，下层水与上层水混合后，上层水溶氧输送到下层，以补充下层水体溶氧不足。有条件的可用空气压缩机人为地把空气输入水体，或用射流器把高氧水输入水体。

第二节 珍贵的水

水是地球上最常见的物质之一，是包括无机化合物、人类在内所有生命生存的重要资源，也是生物体最重要的组成部分。水，在地球生命演化中起到了十分重要的作用。

水的分布

地球拥有的总水量约为136亿亿吨，其中，含盐的海水约为132.2亿亿吨。由于盐分问题，海水不能被陆地上的生命作为直接水源来利用。地球上水量的分布大致是：海洋占97.2%，极地冰山占2.15%，地下水占0.632%，湖泊与河流占0.017%，云中水蒸气占0.001%。

陆地上的淡水来自天上。海水在阳光下蒸发，盐留在了海里，而淡水蒸发到天上，形成云。云被风吹到陆地的上空，凝结后以雨水等形式降落到大地上。如此，陆地上的江河、湖泊、湿地才得以形成，它们是陆地生命的淡水源。

地球上的淡水总量约为3.8亿亿吨，占地球总水量的2.8%。然而，如此有限的淡水量却以固态、液态和气态几种形式分别存在于陆地的冰川、地下水、地表水和水蒸气中。

陆地上的淡水会因日晒而蒸发，或通过滔滔江流回归大海。地球上可供陆地生命使用的淡水量不到地球总水量的千分之三，因此，陆地上的淡水资源是很紧缺的。

中国水资源总量约为2.8124万亿立方米，占世界径流资源总量的6%；

中国又是用水量最多的国家，由于人口众多，当前中国人均水资源占有量约为2500立方米，被列为世界几个人均水资源贫乏的国家之一。另外，中国属于季风气候，水资源时空分布不均匀，南北自然环境差异大，其中北方九省区人均水资源不到500立方米，实属水少地区；再加上城市人口剧增，生态环境恶化，工农业用水技术落后，浪费严重，水源污染，更使原本贫乏的水越发稀缺，进而成为国家经济建设发展的瓶颈。

水的分类

常见的水有地表水、地下水、自来水、纯净水、纯水、天然矿泉水。该喝什么水，首先要了解各种水的特点和对人体健康的影响，然后根据个人的需要选择优质的水。

水是生命所需的重要物质

地表水：指来自湖泊及江河的水。这种水通常含盐量较低，但由于受到工业及生活污水排放的影响，含有大量的微生物及化学物质。据报道，全世界在天然水中检测出2000多种化学污染物，同时还存在一些传染病毒。地表水绝对不能直接饮用，必须经过复杂的净化过程才能饮用。

地下水：指泉水或人工开采的井水，受工业污染的机会较少，一般不含微生物、化学物质及病毒。如果取水过程没有受到微生物污染，可以直接饮用。这类水口感不好，同时还会引发一些疾病。我国的生活饮用水卫生标准规定，水的硬度不得超过25度。如地下水硬度超过25度，必须进行脱盐处理，即水的软化。最简单的软化方法是把水煮沸。水在煮沸过程中，有些盐类如碳酸钙、碳酸镁等会从水中析出，产生白色沉淀物，这就是俗称的水碱。

自来水：这是城乡居民主要的生活用水。它是以地表水或地下水为水源，通过絮凝、澄清、纯化、消毒等处理过程而得，其水质符合国家规定饮用水的标准。一般来说，自来水是比较洁净和安全可靠的，但是由于酸雨、咸潮、工业废水排放、农药的使用、家庭污水的排放、二次供水水箱污染、管道老化等因素的影响，自来水也会受到一些污染。

净化水： 是以自来水或井水为水源，经过活性碳吸附、微孔膜、超滤膜等过滤而成的。净化水经过过滤后除去自来水中的有机物、悬浮物，保留了自来水中的无机盐。凡符合国家已颁布的饮用水标准的净化水，可适用于生活饮用水的各种场合。

天然矿泉水： 矿泉水是指来自地下深层循环的天然泉水或经人工开采的地下水，其中含有一定比例的对人体有益的无机盐和微量元素，并达到国家规定的饮用水标准。

水的污染

水是宝贵的自然资源，是人类生活、动植物生长和工农业生产不可缺少的物质。人类不但需水量大，而且随着工农业的迅速发展和人口增长，人类排放的废污水量也急剧增加，使许多江河、湖泊、水库甚至地下水等都遭受不同程度的污染，水质下降。

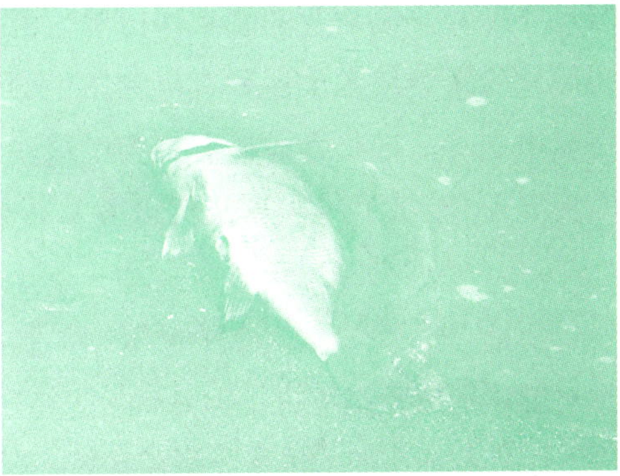

水污染影响鱼的生存

排入水体的污染物种类繁多，大体可分为以下几种情况。

有毒物质： 包括汞、镉、铬等重金属的化合物及氰化物等工业废水和废料，杀虫剂、除草剂等有机氯农药，石油及其制品，它们对人体及水生动植物都有严重的危害。

非毒营养物质： 来自城市生活污水及食品、造纸、印染等工业废水中的大量碳氢化合物、蛋白质、脂肪、磷酸盐、硝酸盐等，这些富有营养的物质会使水生藻类、根茎植物和细菌不正常地大量繁殖，充塞水体并耗用水中大量的氧，使鱼类等水生动物无法生存。

热污染： 废水温度过高而引起的危害，叫作热污染。热污染的主要危害是，一方面降低了氧气在水中的溶解度，另一方面又会促进藻类和微生物的繁殖，这两方面都会影响到鱼类等水生动物的生存，破坏生态平衡。

水的净化

由于水是一种很好的溶剂，所以自然界中存在的水并不纯洁。我们在使用水时，常常需要对自然界的水加以处理，进行一定的净化。鉴于用途不同，对水的纯度要求也不同，因此净化方法也不尽相同。

一、食用水的净化

江河湖泊之水通过自然沉降先除去泥沙，然后借助氢氧化铝或氢氧化铁除去悬浮物，所得水通入氯气以除去臭气，杀死细菌，这样处理过的水就可供人们食用了。

需要指出的是，氯化消毒是多年来广泛采用的饮水消毒法，现又用于污水处理和造纸工业的制浆漂白等。但从20世纪70年代以来，人们已经发现氯化处理会使水中多种有机物发生变化，形成对人体有害的卤代烃，如三氯甲烷等。这些含氯的有机物中很多是有毒的，甚至是致癌的。这个事实提醒人们，食用水的净化应该考虑更安全的方法。

二、硬水软化

所谓“硬水”是指水中所溶的矿物质成分多，尤其是钙和镁。硬水并不对健康造成直接危害，但是会给生活带来好多麻烦，比如用水器具上结水垢、肥皂和清洁剂的洗涤效率减低等。

硬水中含盐量通常以硬度表示。硬度单位是度，1度相当于每升水中含10毫克的氧化钙。硬度在8以上者通常称为硬水，地下水（如井水、泉水）的含盐量较多，属于硬水。在硬水中，钙盐和镁盐以碳酸氢盐、碳酸盐、硫酸盐、氯化物和硝酸盐的形式存在。

硬水在工业上会造成极大的危害甚至危险，例如造成工业锅炉积垢，传热不良，浪费能源，甚至因传热不均可能引起爆炸。

软化方法有化学沉降法和离子交换法两种。

化学沉降法：用石灰乳和纯碱，或用磷酸钠、磷酸氢钠做沉淀剂，使之生成沉淀并除去。

离子交换法：用离子交换树脂，交换出的软水便可满足工业用水的要求。例如电厂锅炉用水的软化处理，其优点是交换饱和的树脂可以使酸碱处理再生。

三、实验室所需高纯水的制备

蒸馏水：将水加热蒸发、冷凝，能满足一般实验要求。

电导水：蒸馏水中加入少量高锰酸钾和氢氧化钡，再进行蒸馏。纯度比蒸馏水高，需用电导仪测量其电导率来衡量纯度，被保存于石英器皿中，因玻璃中杂质会溶于水中而降低其纯度。

离子交换法：用离子交换树脂交换出的水虽纯度差一些，但速度很快，这一点是其他方法所不及的。

知识链接

“神舟七号”厕所可将宇航员尿液变成可饮用水

您猜猜一杯普普通通的水在太空里的价格是多少？3000美元！这是世界上最昂贵的“旅馆”——国际空间站上的价格。俄罗斯宇航局通过航天飞机或货运飞船将生活用水送上国际空间站，平均每升水要花费11000美元的代价。国际空间站上的每个宇航员平均每天要使用大约4.4L左右的水，包括饮用和洗漱等用途，这意味着每名宇航员每天在水使用上就要花费48400美元！这个数目实在是触目惊心。

在“神舟七号”之前，中国的宇航员只需要在太空待上一天，带上尿不湿就可以解决“内急”问题。而“神舟七号”载人航天飞船的宇航员首次在太空行走，也就是说要在太空舱内待上一段时间，厕所也就成了必备之品。由于太空舱的空间狭小，厕所设计不但更加小巧，而且可以伸缩，用的时候打开，不用的时候可以折叠收起来。另外，太空舱内的厕所将实现尿粪分离。宇航员的尿液通过生物菌处理数小时与饮用水无异，可以继续饮用。至于粪便，则采用真空烘干粉化的方法处理，最后洒向太空。

第三节 高贵的氢气

氢气的发现

在化学史上，人们把氢元素的发现与“发现和证明了水是氢和氧的化合物而非元素”这两项重大成就，主要归功于18世纪的英国化学家和物理学家卡文迪许。

卡文迪许

在18世纪末以前，有不少人做过制取氢气的实验，实际上很难说是谁发现了氢，即使对氢的发现和研究有过很大贡献的卡文迪许本人也认为氢的发现不单单是自己的功劳。早在16世纪，瑞士著名医生帕拉塞斯就描述过铁屑与酸接触时有一种气体产生。17世纪时，比利时著名的医疗化学派学者海尔蒙特曾偶然接触过这种气体，但没有把它离析、收集起来。当时，科学家们只知道它可燃，此外就了解很少了。1700年，法国药剂师勒梅里在巴黎科学院的公开发表期刊上也提到过它。

最早把氢气收集起来，并对它的性质仔细研究的是卡文迪许。1766年，卡文迪许向英国皇家学会提交了一篇研究报告《人造空气实验》，讲述了他用铁、锌等与稀硫酸、稀盐酸作用制得“易燃空气”（即氢气），并用普利斯特里发明的排水集气法把它收集起来进行研究。他发现，一定量的某种金属分别与足量的各种酸作用，所产生的这种气体的量是固定的，与酸的种类、浓度都无关。他还发现氢气与空气混合后点燃会发生爆炸，氢气与氧气化合能生成水，从而认识到这种气体和其他已知的各种气体都不同。但是，由于他是“燃素说”的虔诚信徒，按照他的理解：这种气体燃烧起来这么猛烈，一定富含燃素，硫磺燃烧后成为硫酸，那么硫酸中是没有燃素的，而按照“燃素说”金属也是含燃素的，所以他认为这种气体是从金属中分解出来的，而不是来自酸中。他甚至曾一度设想氢气就是燃素，这种推测很快就得到当时的一些杰出化学家如舍勒、基尔万等的赞同。把氢气充到气球中，气球便会徐徐上升，这种现象当时曾被一些“燃素说”的信奉者们用来证明燃素具有负重量的依据。但卡文迪许毕竟是一位非凡的科学家，后来他通过精确研究，证明氢气是有重量的，只是比空气轻很多，并确定了氢气的比重只是空气的9%。但有些化学家仍不肯轻易放弃“燃素说”，鉴于氢气燃烧后会产生水，于是他们改说氢气是燃素和水的化合物。

知识链接

卡文迪许是一位百万富翁，但他生活十分朴素，用自己的钱在家里建立了一座规模相当大的实验室，一生从事科学研究。曾有科学史家说：“卡文迪许是有学问的人中最富的，也是富人当中最有学问的。”他观察力敏锐，精于实验设计，所做实验的结果都相当准确，而且研究范围很广泛，对于许多化学、力学和电学问题以及地球平均密度等问题的研究都有重要发现。但他笃信“燃素说”，这使他在化学研究工作中走过一些弯路。他在50年中只发表过18篇论文，除了一篇是理论性的外，其余全是实验性和观察性的。在他逝世以后，人们才发现他留下了大量很有价值的却没有公开发表的论文稿。这些文稿是科学研究的宝贵文献，后来分别由物理学家麦克斯韦和化学家索普整理出版。

1781年，普利斯特里将氢气和空气放在闭口玻璃瓶中，用电火花引爆，发现瓶内壁有露珠出现。同年，卡文迪许也用不同比例的氢气与空气的混合物反复进行这项实验，确认这种露珠是纯净的水，表明氢是水的一种成分。卡文迪许又用纯氧代替空气进行试验，不仅证明氢和氧化合成水，而且确认大约2份体积的氢与1份体积的氧恰好化合成水。1782年，拉瓦锡重复了他们的实验，提出正确的结论：水不是元素，而是氢和氧的化合物。1787年，拉瓦锡把过去称作“易燃空气”的这种气体命名为“H-ydrogne”（氢），意思是“产生水的元素”，并确认它是一种元素。

氢气的制备

一、实验室制氢气

1．实验步骤：向大试管中放入几粒锌，加入5ml稀硫酸，迅速盖紧单孔胶塞，将导管另一端深入水槽水面下，待气流平稳后，用小试管收集产生的气体。将小试管用拇指堵住靠近火焰，检验生成气体的性质。把大试管中剩余液体导入蒸发皿中小心加热，使液体蒸发。冷却后，观察蒸发皿中物质的色态。

2．反应原理：$Zn+H_2SO_4 = ZnSO_4+H_2\uparrow$

3．注意事项：

（1）制取氢气选用的金属一般是锌和铁，凡是金属活动性在氢气前面的金属，都可用来制取氢气。

（2）制取氢气的酸溶液一般选用稀硫酸和稀盐酸。浓硫酸、浓硝酸和稀硝酸因氧化性太强，与金属反应不会产生氢气。

（3）因氢气密度小于空气且难溶于水，所以采用向下排空气法或排水取气法收集氢气。用排空气法收集气体时，玻璃导管必须伸到容器底部，否则不能将空气排尽，收集不到纯净的气体。

二、工业生产氢气

工业上生产纯氢及将含氢气体提纯的主要方法有以下几种。

电解法：将水电解得到氢气和氧气。氯碱工业电解食盐溶液制取氯气、烧碱时也会产生氢气。电解法能得到纯氢，但耗电量很高，每生产氢气$1m^3$，耗电量达8～10kw/h。

烃类裂解法：此法得到的裂解气含大量氢气，其含量因原料性质及裂解条件的不同而异。裂解气深冷分离得到纯度90%的氢气，可作为工业用氢，如作为石油化工中催化加氢的原料。

烃类蒸汽转化法： 烃类在高温和催化剂作用下，可与水蒸气作用制成含氢的合成气。为了从合成气中得到纯氢，可采用分子筛通过变压吸附除去其他气体，也可采用膜分离得到纯氢。另外，用金属钯吸附氢气，可分离出氢气体积达金属的1000倍。

炼厂气分离法： 石油炼厂生产过程中产生的各种含氢气体，如催化裂化、催化重整、石油焦化等过程产生的含氢气体，以及焦炉煤气（含氢45%～60%）经过深冷分离，可得纯度较高的工业氢气。

三、制取氢气的新方法

用氧化亚铜做催化剂从水中制氢气。 将0.5g氧化亚铜粉末加入200cm^{3}的蒸馏水中，然后用一盏玻璃灯泡发出的460nm～650nm的可见光进行照射，在氧化亚铜催化剂的作用下，水分解成氢和氧。

用新型的钼的化合物从水中制氢气。 西班牙瓦伦西亚大学的两位科学家发明了一种低成本的从水中制取氢的方法。他们对催化转化器进行改造，使水分解时所需成本大幅降低。他们用一种从钼中获取的化学产品做催化剂，而不使用电能，据说从半升水中制得的氢足以使一辆小汽车行驶633km。

用光催化剂反应和超声波照射把水完全分解制取氢气。 据《日本工业新闻》报道，日本明星大学元田久志教授等人同时使用光催化剂反应和超声波照射的方法把水完全分解。这种超声波光催化剂反应之所以能使水完全分解，是由于在超声波的作用下，水可被分解为氢和双氧水，而双氧水经光催化反应又可分解成氧和氢。

微生物中提取的酶制氢气。 葡萄糖脱氧酶在烟酰胺腺嘌呤二核苷酸磷酸（简称为NADP）的帮助下，能从葡萄糖中提取氢气。在制取氢的过程中，NADP从葡萄糖中剥取一个氢原子，使剩余物质变成氢原子溶液。美国橡树岭国家实验室从热原体乳酸菌中提取葡萄糖脱氧酶，热原体乳酸菌首先是在美国矿井中的低温干馏煤渣中发现的。另外，氢化酶能使NADP携载的氢原子结合成氢分子，而NADP还原为它原来的状态继续再次被利用。氢化酶是从曾在海底火山口附近发现的一种微生物中提取的，除美国科研人员发现这种酶外，俄罗斯的科学家也在湖沼里发现了这种微生物。

用细菌制取氢气。许多原始的低等生物在其新陈代谢的过程中也可放出氢气。例如，许多细菌可在一定条件下放出氢气。

知识链接

日本已发现一种名为“红极毛杆菌”的细菌，就是制氢的能手。在玻璃器皿里，以淀粉做原料，掺入一些其他营养素制成培养液，就可以培养出这种细菌。每消耗5mL淀粉，营养液就可以产生出25mL的氢气。

美国宇航部门准备把一种光合细菌——红螺菌带到太空去，用它放出的氢气作为能源供航天器使用。

有机废水发酵法制氢气。哈尔滨建筑大学的研究者突破了生物制氢技术必须采用纯菌种和固定技术的局限，开创了利用非固定菌种生产氢气的新途径，并首次实现了中试规模连续流长期持续产氢。在此基础上，他们又先后发现了产氢能力很高的乙醇发酵类型，发明了连续流生物制氢技术反应器，初步建立了生物产氢发酵理论。

利用太阳能制取氢气。利用太阳能制氢，对于充分利用自然资源，开发新型清洁能源，解决世界性能源危机，实现可持续发展具有重大现实意义。在不远的将来，以太阳能制得的氢能将成为人类普遍使用的一种优质、洁净的燃料。氢能是通过一定方法利用其他能源制取的二次能源，若是用常规电（市电）制氢，从能量利用的角度讲得不偿失。因此，选用一次能源中取之不尽、用之不竭的太阳能制氢是最经济的。对于太阳能制氢这样的课题，需要更多的研究者长期深入的研究。

氢气的应用

氢气的应用领域很广，其中，用处最大的是作为一种重要的石油化工原料，用于生产合成氨、甲醇以及石油炼制过程的加氢反应。此外，在电子工业、冶金工业、食品工业、浮法玻璃、精细有机合成、航空航天工业等领域也有应用。

一、石油化工

氢气是现代炼油工业和化学工业的基本原料之一。合成氨、甲醇用的氢大部分是由天然气、石脑油或重油的蒸汽转化或部分氧化制取的。石油炼制工业用氢量仅次于合成氨。在石油炼制过程中，氢气主要用于石脑油加氢脱硫、粗柴油加氢脱硫、燃料油加氢脱硫、改善飞机燃料的无火焰高度和加氢裂化等方面。在石油化工领域，氢气主要用于碳三馏分加氢、汽油加氢、碳六至碳八馏分加氢脱烷基以及生产环己烷等方面。

学以致用

催化重整原料的加氢除去石脑油中的硫化物、氮化物、铅和砷等杂质，是石油炼制工业中最早使用的方法。燃料油加氢脱硫主要是由于环保的要求，因为空气污染95%是由于燃料油燃烧时产生的二氧化硫引起的，加氢脱硫耗氢量大，工艺上可采用直接或间接脱硫。

加氢精制也是除去有害化合物的过程，除硫化氢、硫醇、总硫之外，炔烃、烯烃、金属和准金属等均可在加氢过程中除去。因而，在现代石油化学加工过程中，利用加氢工艺可以改善石油化学品的质量，增加最有价值的石油化学品的产量。减少重油残渣和焦油的生成，降低结碳量，提高石油加工厂的适应性，从石油加工废物中可以得到很多有价值的石油化学产品，净化一系列产品，除去有害杂质。氢是现代石油化工工业产品最通用的净化剂，能提高大型裂化装置的生产能力。在石油化工领域，还可以用氢和一氧化碳反应合成多种有机化合物。

二、电子工业

晶体的生长与衬底的制备、氧化工艺、外延工艺中以及化学气相沉积（CVD）技术，均要用到氢气。

电子工业中多晶硅的制备需要用到氢。当硅用氯化氢生成三氯氢硅后，经过分馏工艺分离出来，在高温下用氢还原，达到半导体需求的纯度，化学反应原理为$SiHCl_3+H_2 \longrightarrow Si+3HCl$。

当用于氢氧合成氧化时，常压下将高纯氢与高纯氧通入石英管内，使之在一定的温度下燃烧，生成纯度很高的水，随后水汽与硅反应生成高质量的二氧气化硅膜。

在外延工艺中，氢气被用于硅气相外延：四氯化硅或三氯氢硅在加热的硅衬底表面与氢发生反应，还原出硅沉积到硅衬底上，生成外延层，其过程为：$SiCl_4+2H_2 \longrightarrow Si+4HCl$，$SiHCl_3+H_2 \longrightarrow Si+3HCl$。上述过程对氢的纯度要求很高。

在电真空材料和器件，如钨和钼的生产过程中，用氢气还原氧化物粉末，再加工制成线材和带材，若其中所用的氢气的纯度越高，水含量越低，还原温度越低，所得钨、钼粉末就越细。

光导纤维的应用和开发是新技术革命的重要标志之一，石英玻璃纤维是光导纤维的主要类型，在制造过程中，需要采用氢氧焰加热，经数十次沉积，对氢气纯度和洁净度都有很高要求。

三、浮法玻璃生产

在玻璃工业中广泛使用的气体有氢、乙炔、氧和氮。在浮法玻璃成形设备中装有熔融的锡液，它极易被氧化而生成氧化锡，造成玻璃沾锡，增加锡的消耗量，因此需要将锡槽密封，并连续不断注入纯净的氢氮混合气，维持槽内正压与还原气氛，保护锡液不被氧化。

四、冶金工业

在冶金工业中，氢气主要用作还原气，以便将金属氧化物还原成金属。氢气除了用于还原若干种金属氧化物以制取纯金属外，在高温锻压一些金属器材时，还可用作保护气，以使金属不被氧化。

五、食品加工工业

许多天然食用油具有很大程度的不饱和性，经氢化处理后，所得产

光导纤维

品可稳定贮存，并能抵抗细菌的生长，提高油的粘度。植物油氢化所用的氢气，纯度要求很高，一般需严格提纯后方可使用。食用油加氢的产品可加工成人造奶油和食用蛋白质等。非食用油加氢可得到生产肥皂和畜牧业饲料的原料，其生产过程包括用氢和不饱和酸（油酸、亚油酸等）的甘油脂，将氢引入到液体脂肪或植物油的组成中。

六、空间技术

氢作为航空燃料的优点有很多，它不仅能满足未来航空燃料的许多要求，最重要的是氢燃烧对环境基本不产生污染。因此，在当前的空间技术中大量使用液氢。

七、其他应用

氢气还可以用作燃料电池的燃料。燃料电池是将燃料和氧化剂的化学能直接转化为直流电能的装置，转化效率接近100%。由于氢具有较高的导热系数，在大型发电机组中经常用氢气做冷却剂。又由于氢是除氦以外具有极低沸点的气体，液态氢在真空中蒸发可获得低温，因而，在需要获得超低温的科学研究中，常用氢做制冷剂。此外，在气相色谱分析中经常用氢气做载气。由于密度低，氢还可以用于充填气球和飞艇。

第四节 温暖的二氧化碳

二氧化碳在常温下是一种无色无味的气体，密度比空气大，能溶于水，并生成碳酸。固态二氧化碳俗称干冰，升华时可吸收大量热，因而用作制冷剂，也常在舞台演出中用于制造烟雾。

二氧化碳的发现

二氧化碳被发现的历史很早。我国晋朝时期的石灰匠就发现了这种气体，不过在科学上真正发现并且对其进行研究的是英国科学家布莱克。

二氧化碳的行踪很容易被人发觉，例如腐烂食物放出的气泡、煅烧石灰产生的气体等，因此最开始被称为“野气”。布莱克在研究石灰石放出的气体时，把气体收集起来，通过熟石灰溶液，发现溶液变浑浊，后来发现浑浊的物质和石灰石是同一种物质，因此，他认为二氧化碳是固定在石灰石中的，因此称它为“固定空气”。后来，化学家发现固定空气是由碳和氧组成，并计算出了比例，命名其为二氧化碳。

二氧化碳的来源

凡是有机物（包括动植物）在分解、发酵、腐烂、变质的过程中都可释放出二氧化碳。

石油、石蜡、煤炭、天然气在燃烧过程中，会释放出二氧化碳。

石油、煤炭在生产化工产品的过程中会释放出二氧化碳。

所有动植物在呼吸过程中，都要吸收氧气吐出二氧化碳。

二氧化碳的制取

一、民间制法

小苏打（碳酸氢钠）和白醋反应，其化学反应式为：

$NaHCO_3+CH_3COOH = CH_3COONa+H_2O+CO_2\uparrow$

二、工业制法

高温煅烧石灰石，其化学反应式为：$CaCO_3 \xlongequal{高温} CaO+CO_2\uparrow$

三、实验室制法

稀盐酸和大理石（或石灰石，主要成分是$CaCO_3$），其化学反应式为：

$CaCO_3+2HCl = CaCl_2+H_2O+CO_2\uparrow$

注意事项：

①制取二氧化碳时不能使用稀硫酸与大理石（或石灰石）反应，因为$CaCO_3+H_2SO_4 = CaSO_4+H_2O+CO_2\uparrow$，生成的硫酸钙微溶于水，在溶液中析出后包裹在大理石（或石灰水）的外面，阻碍了反应的进一步发生。

②制取二氧化碳一般不选用浓盐酸，因其挥发出氯化氢气体，使收集到的二氧化碳不纯。

③能和稀盐酸反应生成二氧化碳的物质还有碳酸钠、碳酸钾等。$Na_2CO_3+2HCl = 2HaCl+H_2O+CO_2\uparrow$。从反应速率看，石灰石（或大理石）与稀盐酸反应快慢适中，碳酸钠与盐酸反应较快，可做泡沫灭火器。

收集方法：根据二氧化碳能溶于水，密度比空气大，制得的气体采用向上排空气法收集。

验满方法：用燃着的木条放在集气瓶口，木条熄灭说明已集满。

二氧化碳的应用

一、灭火

二氧化碳灭火器是用二氧化碳来隔绝空气，以达到灭火的目的。因为二氧化碳不燃烧，又不支持一般燃烧物的燃烧，同时二氧化碳的密度又比空气的密度大，所以常用二氧化碳来灭火。

二、致冷剂

固体的二氧化碳（即干冰）在融化时会直接变成气体，在融化的过程中吸收热量，从而降低了周围的温度，所以干冰经常被用来做强致冷剂。用干冰冷藏鱼、肉之类食品时，运输途中不会弄得到处湿漉漉的；食物在地窖中用干冰冷藏，可以存放更长时间。

三、人工降雨

干冰

干冰还是人工造雨的能手呢！人工降雨是用人为的方法，增加云中的冰晶或使云中的冰晶和水滴增大而形成降水。目前，人工降雨是用飞机把冷却剂（干冰或其他化学药剂）撒到云中，使云内温度显著下降，细小的水滴冰晶迅速增多加大，迫使它们下降形成降水。更奇妙的是，在许多影片和电视剧中那些云雾缭绕的景象也是干冰的功劳呢！因为，干冰在空气中吸热升华，让周围的水蒸气液化成雾气，呈现在观众面前的就是一片白茫茫的景象。

四、工业原料

在化学工业上，二氧化碳是一种重要的原料，大量用于生产纯碱、小苏打、尿素、碳颜料铅白等。在轻工业上，用高压溶入较多的二氧化碳，可用来生产碳酸饮料、啤酒、汽水等。

五、贮藏食品

用二氧化碳贮藏的食品，由于缺氧和二氧化碳本身的抑制作用，可有效地防止食品中细菌、霉菌、虫子生长，避免变质和有害健康的过氧化物产生，并能保鲜和维持食品原有的风味和营养成分。

六、植物光合作用的原料

二氧化碳是植物的重要营养物质。在自然界，二氧化碳保证了绿色植物进行光合作用和海洋中浮游植物呼吸的需要。每一片叶子中的叶绿素在日光照射下都能完成一个很奇妙的变化，把叶子吸收的二氧化碳和根部输送来的水分转变为糖、淀粉以及氧气，成为地球上生命活动的能源。

七、干洗

干洗技术是采用烃类（石油类）、氯代烃（如四氯乙烯）作为溶剂。但石油溶剂闪点低，易爆易燃，干燥慢；氯代烃气味刺鼻，毒性较高（一般在空气中的含量限制在50ppm以下）。欧美一些国家一直在寻找一种既清洁卫生又安全高效的洗涤溶剂，液体二氧化碳洗净率值比石油溶剂高，略低于四氯乙烯，但在渗色、防污物再凝集等方面比四氯乙烯更好。

八、气体肥料

二氧化碳是植物进行光合作用必不可少的原料。在一定范围内，二氧化碳的浓度越高，植物的光合作用也越强，因此二氧化碳是最好的气肥。美国科学家在新泽西州的一家农场里，利用二氧化碳对不同作物的不同生长期进行了大量的试验研究，他们发现在农作物的生长旺盛期和成熟期使用二氧化碳，效果最显著。

九、二氧化碳油漆

通常我们使用的油漆都是具有挥发性的有机溶剂。涂上油漆后，溶剂就挥发出来，挥发的时间较长，其中有许多有毒气体和致癌物，会给环境造成污染。美国一家公司研制出一种用二氧化碳做溶剂的油漆，克服了常用油漆给人带来的危害。二氧化碳是气体，不能直接用作溶剂。他们采用的办法是在一定温度下增大压力，使二氧化碳处于气态与液态相互转变的一种状态，这样就可作为溶剂使油漆溶解。所用的二氧化碳是合成氨厂、炼油厂的副产品，并不需要制取。使用二氧化碳喷漆，干得快，光泽好，不会产生有毒污染。

二氧化碳可用作肥料

十、二氧化碳的其他用途

如果一个人长时间吸入纯氧，体内二氧化碳浓度过低，可导致呼吸停止。因此，临床上把5%二氧化碳与95%氧气的混合气体，应用于一氧化碳中毒、溺水、休克、碱中毒的治疗和麻醉上。液态二氧化碳低温手术的用途也较广泛。

二氧化碳可作为萃取剂。国外普遍利用二氧化碳进行食品、饮料、油料、药物等的加工萃取。

用二氧化碳与氢气做原料，可生产甲醇、甲烷、甲醚、聚碳酸酯等化工原料和新燃料。

作为油田注入剂，二氧化碳可有效地驱油和提高石油的采油率。将二氧化碳注入地下难于开采的煤层，使煤层气化，可获得化工所需的合成气体和居间物。

保护电弧焊接，既可以避免金属表面氧化，又可以使焊接速度提高大约9倍。

在烹饪中用发酵粉或苏打，目的是为了产生微小的二氧化碳气泡，这些气泡使面包、糕点或发面膨胀，吃起来松软适口。在制造面包时使用酵母，其作用与此相同，只是时间长些而已。发酵粉（或碳酸氢钠）与一种酸（如从酸牛奶产生的乳酸）作用而产生二氧化碳。市面上出售的发酵粉中常含有固态酸，在潮湿时，它与碳酸氢钠发生作用，也产生二氧化碳。

知识链接

干冰的故事

在美国南部的得克萨斯州，一个钻探队曾遇到一件怪事。当他们用钻探机往地下打孔勘探油矿时，突然有一股强大的气流从管口喷出，立刻在管口形成一大堆雪花似的“冰”。好奇的勘探队员像孩子般高兴地用这些“冰”滚起雪球来。这下可不得了啦！许多队员的手被冻伤，过不了多久，许多人皮肤开始发黑、溃烂，这究竟是怎么一回事呢？原来，那雪花似的“冰”是由二氧化碳凝结而成的。这种固体二氧化碳在常温下融化时，能直接气化为二氧化碳气体，所以很快就销声匿迹，而周围仍旧干干的，不像冰融化后会留下水迹，因而又名干冰。论外貌，干冰和普通的冰确实很相像，只是干冰的温度要比普通冰更低。在这样低的温度下，难怪钻探队员的手会被冻坏。

第五节 神奇的酸

酸的定义

酸在化学中狭义的定义是在水溶液中电离出的阳离子全部都是氢离子的化合物。这类物质大部分易溶于水，少部分如硅酸难溶于水。酸的水溶液一般可导电，其导电性质与其在水中电离度有关。部分酸在水中以分子的形式存在，不导电；部分酸在水中离解为正负离子，可导电。

较广义的定义是在反应中能提供质子的是酸，反之为碱。此定义中的酸称为布朗斯特–劳里酸。

另外，还有被称为路易斯酸的定义，定义酸为电子对的接受者，范围更为广泛。

酸根据在水溶液中电离度的大小，可分为强酸和弱酸。一般认为，强酸在水溶液中完全电离，如盐酸、硝酸；弱酸在水溶液中部分电离，如乙酸、碳酸。

生活中的酸

一、醋

提起生活中的酸，人们自然会想到醋。醋中醋酸的含量为3%～5%，它在水溶液中电离产生的氢离子能刺激人的味觉器官，使人感到一种酸味。

二、乳酸

酸牛奶营养价值很高，并且含有乳酸。但是，乳酸一旦受热，久置后会变成丁酸而产生臭味。

常见的酸——醋

很多水果中都含酸

三、甲酸

蚂蚁体内有一种分子内含有一个碳原子的有机酸，名叫甲酸，又叫作蚁酸。被蚂蚁之类的昆虫咬叮后的皮肤常出现红肿便是甲酸所致，可涂上碳酸氢钠溶液来减轻疼痛。另外，涂擦含甲酸1.25%的水溶液可以治疗风湿疾病。

四、柠檬酸

柠檬酸是一种重要的有机酸，存在于柑橘类、莓类水果中，因为最早从柠檬中取得，故得名柠檬酸。柠檬酸在工业、食品业、化妆业等方面具有极大的用途。

五、其他有机酸

苹果、梨等水果中含苹果酸。葡萄等水果中含酒石酸、抗坏血酸、草酸等有机酸。当水果未成熟时，含酸量很高，人和动物都不爱吃，嫌它们太酸，这对植物种子起到了保护作用。当果实成熟了，里边的种子也成熟了，果实糖分增大，含的有机酸降到一定程度，水果变得美味可口。

发酵粉是以小苏打和酒石酸为主要成分的一种复合添加剂，主要用于面制品和膨化食品的生产。当发酵粉溶于水，受热后会产生大量的二氧化碳气体，使面团形成蜂窝状气泡，变软，膨大。

有机酸随着碳原子数的增多，氢离子电离难度增大，人们就尝不出酸味了。有些有机酸具有特殊的味道，如甘氨酸是带甜味的酸。在茶叶、咖啡和柿子中含的单宁酸是涩味酸。

酸的应用

一、用于食品工业

因为柠檬酸有温和清爽的酸味，所以普遍用于各种饮料、汽水、葡萄酒、糖果、饼干、罐头、乳制品等食品的制造。在所有有机酸的市场中，柠檬酸市场占有率在70%以上，到目前还没有一种可以取代柠檬酸的酸味剂。

一分子结晶水柠檬酸主要用作果汁、果酱、水果糖和罐头等食品的酸性调味剂，也可用作食用油的抗氧化剂，可改善食品的口味，增强食欲和促进人体内钙、磷物质的消化吸收。无水柠檬酸大量用于固体饮料。

柠檬酸的盐类如柠檬酸钙和柠檬酸铁，是某些食品中需要添加钙离子和铁离子的强化剂。柠檬酸的酯类如柠檬酸三乙酯可用作无毒增塑剂，用于制造食品包装用塑料薄膜。

二、用于化工和纺织业

柠檬酸在化学技术上可做化学分析试剂用，如实验试剂、色谱分析试剂及生化试剂，还可以用作络合剂、掩蔽剂，以及用以配制缓冲溶液。

采用柠檬酸或柠檬酸盐类作为助洗剂，可改善洗涤产品的性能，如可以迅速沉淀金属离子，防止污染物重新附着在织物上；可以使污垢和灰分散和悬浮。另外，服装的甲醛污染已成为很敏感的问题，柠檬酸和改性柠檬酸可制成一种无甲醛防皱整顿剂，用于纯棉织物的防皱整理，不仅防皱效果好，而且成本低。

三、用于环保

柠檬酸-柠檬酸钠缓冲液可用于烟气脱硫。我国煤炭资源丰富，是当前可用能源的主要组成部分，然而由于一直缺乏有效的烟气脱硫工艺，导致大气二氧化硫污染严重。目前，我国二氧化硫年排放量已近4000万吨，研究有效的脱硫工艺，实为当务之急。柠檬酸-柠檬酸钠缓冲溶液由于其蒸汽压低、无毒、化学性质稳定、对二氧化硫吸收率高等特点，是极具开发价值的脱硫吸收剂。

四、用于禽畜生产

在仔猪饲料中添加柠檬酸，可以帮助仔猪提早断奶，提高饲料利用率，增加母猪产仔量。在肉猪饲料中添加1%～2%的柠檬酸，可提高日增重，降低料肉比，提高蛋白质消化率，降低背脂厚度，改善肉质和胴体特性。

另外，柠檬酸稀土是一种新型的高效饲料添加剂，适用于猪、鸡、鱼、虾、牛、羊、兔、蚕等各种动物，具有促进动物生长、改善产品品质、提高抗病能力及成活率、提高饲料转化率、缩短饲喂周期等特点。

五、用于化妆品

柠檬酸属于果酸的一种，主要作用是加快角质更新，常用于乳液、乳霜、洗发精等。角质的更新有助于皮肤中黑色素的剥落、毛孔的收细、黑头的溶解等。

六、用于杀菌

柠檬酸具有良好的杀灭细菌芽孢的作用，并可有效杀灭血液透析机管路中污染的细菌芽孢。享有“西餐之王”美誉的柠檬具有很强的杀菌作用，对食品卫生很有好处。

七、药用价值

柠檬酸具有防止和消除皮肤色素沉着的作用。我国中医理论认为，柠檬性温、味苦、无毒，具有止渴生津、祛暑安胎、疏滞、健胃、止痛、利尿等功能，能调剂血管通透性，适合浮肿虚胖的人。

学以致用

柠檬在生活中的医用价值

柠檬能防止心血管动脉硬化并减少血液粘稠度。

热柠檬汁加蜂蜜对治疗支气管炎和鼻咽炎十分有效。

柠檬能祛痰，且祛痰功效比橙和柑还要强。将柠檬汁加暖水和盐，饮之可将喉咙中积聚的脓痰顺利咳出，十分灵验。

感冒初期，不妨用柠檬加蜜糖冲水饮，可以舒缓喉痛，减少喉咙干涸不适。

柠檬片泡水喝的最直接的功效就是美容，养成每天早晨喝一杯热柠檬水的习惯，会使眼睛更有神，皮肤更红润。如果在水中多加一些柠檬汁，还会起到清除体内垃圾，消除口臭的作用。

第六节 顽皮的碱

碱的由来

陶瓷釉色

早在远古时代，人们在生活和生产实践中，就开始使用有碱性的物质来进行一些特殊的反应。如给陶瓷制品上釉，配料时多用生石灰，与瓷土调成浆后，生石灰会跟水反应生成氢氧化钙，干后锻烧，氢氧化钙在高温下分解为氧化钙的同时，与瓷土中的二氧化硅反应生成熔点较低的硅酸钙，它冷却后便形成光滑不透水的釉。这就是利用氧化钙这一种碱性氧化物的碱性，跟二氧化硅这一酸性氧化物的酸性，从而能够化合生成盐（硅酸钙）的关系来制造釉的。只是当时的人在做时，头脑里还没有酸和碱的概念。

我国古人用碱虽早，但认识碱较晚。东汉末年结集的《神农本草经》上就记载了一种名为卤碱的药物，但300多年后，南北朝时的大药物学家陶弘景还不知道它是什么。又过了1000多年，明朝的大药物学家李时珍才解释说，由盐碱土浸出的汁液经熬浓析盐后，冷下来的卤水中会出现凝结如石的东西，就是卤碱。根据现在推测，它可能是氯化镁、碳酸钠等物质。“碱”字在我国古代有多种写法，从字的偏旁可知，它是出于卤、土、石，而状如石的物质。

一、工业碱的由来

工业碱含义比较笼统，它可以是很多种产品，但一般是指三碱：工业纯碱（碳酸钠Na_2CO_3）、工业烧碱（氢氧化钠NaOH）和工业重碱（碳酸氢钠$NaHCO_3$）。不管是哪种产品，工业碱都是纯度和杂质（可能含有重金属等）含量满足一般性工业使用的碱，工艺相对简单，可以进行大规模工业生产，对人体有危害。

纯碱亦称苏打、无机化合物，是玻璃、造纸、洗涤剂、纺织等工业的重要原料，亦用来软化硬水。纯碱的由来源于法国。18世纪70年代，很多工业需要大量纯碱，而它的数量恰恰又少得可怜，简直成了无价之宝。为了降低成本，人们只好用土碱（碳酸钾）代替纯碱，但制造土碱需要大量木材，会使宝贵的森林资源大大减少。鉴于此，1775年，法国科学院悬赏1.2万法郎来寻求工业化制碱的方法。被誉为纯碱工业的开拓者路布兰和助手钻进一间实验室里日夜工作，他先用食盐通过硫酸作用生成硫酸钠，再把硫酸钠和碳酸钙作用生成纯碱，终于在1790年获得成功。

二、食用碱的由来

食用碱呈固体状态，色洁白，易溶于水。食用碱包括有别于工业用碱的纯碱（碳酸钠Na_2CO_3，化学式相同，但没有工业纯碱的杂质）和食用小苏打（碳酸氢钠$NaHCO_3$）。小苏打是由纯碱的溶液或结晶吸收二氧化碳之后的制成的（粉末状）。需要注意的是，纯碱对食物中的维生素B_1、维生素B_2和维生素C有较强的破坏作用，同时会影响人体对某些矿物质的吸收和利用，不可滥用。

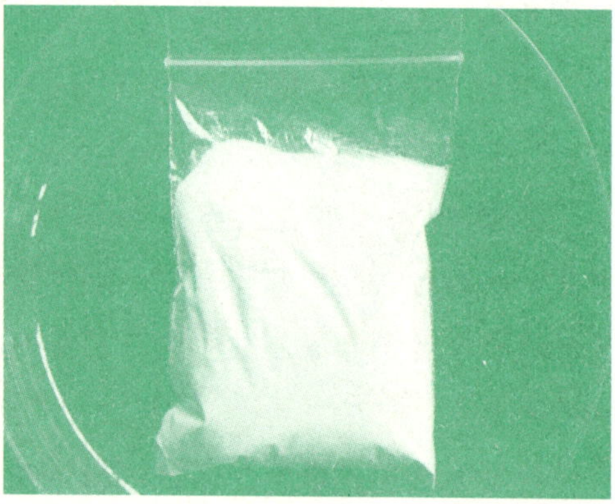

食用碱

学以致用

食用碱的食用价值

食用碱并不是一种常用调味品，它只是一种食品疏松剂和肉类嫩化剂。纯碱有较强的脱脂作用，可以去掉油发干货原料上的多余油脂；能使干货原料迅速涨发，软化纤维。另外，适当使用食碱可为食品带来极佳的色、香、味、形，以增进人们的食欲。纯碱或碳酸氢钠能中和深绿色蔬菜上由于农药的过量喷施而粘着的有机酸或硫化物，从而可以保住蔬菜原有的本色，并去除农药对蔬菜的污染。另外，纯碱能释放玉米中不易释放的烟酸，使长期食用玉米的人不至于会因玉米中的烟酸缺乏而患癞皮病。

三、左旋肉碱的由来

左旋肉碱的研究始于20世纪初期。1905年，俄国研究人员从肉类提取物中发现了L–肉碱。自此以后，各国科学家进行了深入的研究。

早期的研究发现，L–肉碱是一种类维生素营养素，并将其命名为维生素BT。而事实上，肉碱的化学结构类似于胆碱，与氨基酸相近；另外，由于一些动物可由自身合成来满足肉碱的需要，因此，人们认为肉碱不是维生素，但习惯上仍将其称为维生素BT。

美国科学院的食品与营养委员会广泛审查了有关左旋肉碱的研究，在1989年给出结论“左旋肉碱不是一种人体必需的营养成分”，也就不需要“推荐摄入量”。

四、化学上的碱

在化学上，碱通常指味苦的、溶液能使特定指示剂变色的物质，如使紫色石蕊变蓝，使酚酞变红等，其水溶液的pH值大于7。在水溶液中电离出的阴离子全部是氢氧根离子，与酸反应形成盐和水。典型的碱如胺类物质（包括氨水，化学式为$NH_3 \cdot H_2O$）、烧碱（氢氧化钠，化学式为$NaOH$），熟石灰[氢氧化钙，化学式为$Ca(OH)_2$]等。

碱的更广义的概念是指提供电子的物质，或是接受质子的物质。

有些盐类物质溶液的pH也大于7，但它们不是碱，如纯碱（碳酸钠）、小苏打（碳酸氢钠）等。

侯氏制碱法

1921年，侯德榜先生在哥伦比亚大学获得博士学位后毅然回国，全身心地投入到制碱工艺和设备的改进上，终于摸索出了索尔维制碱法的各项生产技术。1924年8月，塘沽碱厂正式投产。1926年，中国生产的“红三角”牌纯碱在美国费城举办的万国博览会上获得金质奖章。之后，“红三角”牌纯碱不但畅销国内，而且远销日本和东南亚。

1937年日本帝国主义发动了侵华战争，他们看中了南京的硫酸铵厂，为此想收买侯德榜，但是遭到侯德榜的严词拒绝。为了不使工厂遭受破坏，他决定把工厂迁到四川，新建一个永利川西化工厂。

制碱的主要原料是食盐，也就是氯化钠，而四川的盐都是井盐，要用竹筒从很深的井底一桶桶吊出来。由于浓度稀，要经过浓缩才能成为制碱原料，这样一来食盐的成本很高。另外，索尔维制碱法的致命缺点是食盐利用率不高，30%的食盐要白白地浪费掉，所以侯德榜决定另辟蹊径。

侯德榜首先分析了索尔维制碱法的缺点，发现其原料中各有一半的成分没有利用上，只用了食盐中的钠和石灰中碳酸根。怎样才能使另一半成分变废为宝呢？他设计了很多方案，但是一一都被推翻了。后来，他把索尔维制碱法和合成氨法结合起来，也就是说，制碱用的氨和二氧化碳直接

永利川西化工厂

由氨厂提供，滤液中的氯化铵加入食盐水，让它沉淀出来。这氯化铵既可作为化工原料，又可以作为化肥，可以大大地提高食盐的利用率，还可以省去许多设备，例如石灰窑、化灰桶、蒸氨塔等。后来侯德榜带领技术人员做了500多次试验，分析了2000多个样品，才把试验搞成功。

这个制碱新方法被命名为联合制碱法，它使盐的利用率从原来的70%一下子提高到96%。此外，污染环境的废物氯化钙成为对农作物有用的化肥——氯化铵，其优越性大大超过了索尔维制碱法，从而开创了世界制碱工业的新纪元。这个方法把世界制碱技术水平推向了一个新高度，赢得了国际化工界的极高评价。1943年，中国化学工程师学会一致同意将这一新的联合制碱法命名为侯氏联合制碱法。

侯氏制碱法是依据离子反应发生的原理，离子反应会向着离子浓度减小的方向进行，也就是很多初高中教材所说的复分解反应中应有沉淀、气体和难电离的物质生成。第一步，氨气与水和二氧化碳反应生成碳酸氢铵。第二步，碳酸氢铵与氯化钠反应生成氯化铵和碳酸氢钠沉淀。根据氯化氨在常温时的溶解度比氯化钠大，而在低温下比氯化钠溶解度小的原理，在278K～283K（5℃～10℃）时，向母液中加入食盐细粉，可使氯化氨单独结晶析出，供做氮肥。

当然，侯氏制碱法也有不足之处，较氨碱法而言，它的用氨量较大，在有些情况下不适用。

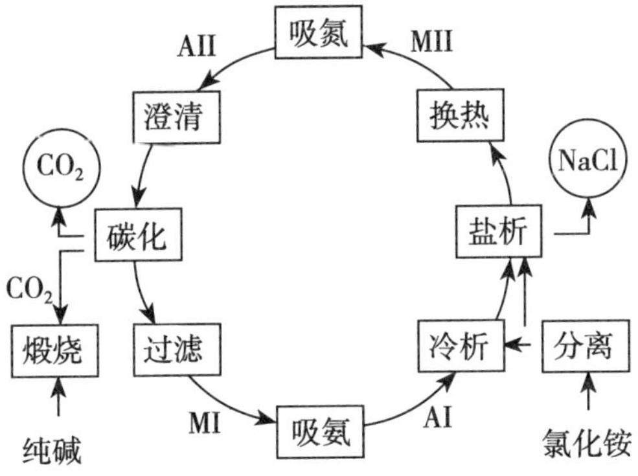

侯氏制碱法流程图

第七节 善变的酸碱指示剂

什么是酸碱指示剂

用于酸碱滴定的指示剂，称为酸碱指示剂。酸碱指示剂是一类在其特定的pH范围内，随溶液pH改变而变色的化合物，通常是有机弱酸或有机弱碱。

当溶液pH发生变化时，指示剂可能失去质子由酸色成分变为碱色成分，也可能得到质子由碱色成分变为酸色成分。在转变过程中，由于指示剂本身结构的改变，从而引起溶液颜色的变化。

酸碱指示剂常分为三种：双色指示剂（如甲基橙）、单色指示剂（如酚酞）和混合指示剂。

酸碱指示剂的发现

一束普通的鲜花，一次偶然的机会，孕育了一个重大的发现——酸碱指示剂的发现。

英国著名物理学家、化学家波义耳非常喜爱鲜花，但他没有时间去逛花园。于是，他只好在自己房间里摆上几个花瓶，让园丁每天送些鲜花。这一天，园丁送来了几束紫罗兰，正准备去实验室的波义耳立即被那艳丽的花色和扑鼻的芳香吸引住了。他随手拿起一束紫罗兰，边欣赏边向实验室走去。进了实验室后，他把紫罗兰往桌上一放，开始了日常的化学实验研究。就在他向烧瓶中倾倒盐酸时，一不小心将酸液溅出了少许，而这酸液恰巧滴到了

紫罗兰

紫罗兰的花瓣上。波义耳立即将紫罗兰拿到水中去冲洗，谁知却发生了一个意想不到的现象：紫罗兰转眼间变成了“红罗兰”。这惊奇的发现立即触动了科学家那根敏锐的神经：盐酸能使紫罗兰变红，其他的酸能不能使它变红呢？当即，波义耳就和助手分别用不同的酸液试验起来。实验结果是：酸的溶液都可使紫罗兰变成红色。

接着，波义耳和助手们搜集并制取了多种植物、地衣、树皮的浸出液。实验表明，变色效果最明显的要数地衣类植物——石蕊的浸出液，它遇酸变红色，遇碱变蓝色。自那时起，石蕊试液就被作为酸碱指示剂正式确定下来了。以后，波义耳又用石蕊试液把滤纸浸透、晾干、切成条状，制成了石蕊试纸。这种试纸遇到酸溶液变红，遇到碱溶液变蓝，使用起来非常方便。

300多年过去了，人们一直在应用波义耳的这一重大发现为工农业生产和科学研究服务。

常用酸碱指示剂的变色原理

石蕊和酚酞都是常用的酸碱指示剂，它们是一种弱的有机酸。

石蕊在水溶液里能发生电离反应：$HL=H^{+}+L^{-}$。在酸性溶液里，红色的分子是存在的主要形式，溶液显红色；在碱性溶液里，蓝色的离子是存在的主要形式，溶液显蓝色；在中性溶液里，红色的分子和蓝色的酸根离子同时存在，所以溶液显紫色。

酚酞是一种有机弱酸，它在酸性溶液中，H^{+}浓度较高时，形成无色分子。但随着溶液中H^{+}浓度的减小，OH^{-}浓度的增大，酚酞结构发生改变，并进一步电离成红色离子。这个转变过程是一个可逆过程，如果溶液中H^{+}浓度增加，上述平衡向反方向移动，酚酞又变成了无色分子。因此，酚酞在酸性溶液里呈无色，当溶液中H^+浓度降低、OH^-浓度升高时呈红色。

酸碱指示剂的应用

酸碱指示剂常被做成试纸，用来测定溶液的酸碱度。如果只需测定溶液为酸性还是碱性，只需要一种变色范围接近pH=7的指示剂即可，比如石蕊。用多种变色范围不同的指示剂混合做成的试纸可以测量到pH的整数位，这种试纸叫作pH试纸。

氧化还原指示剂用在氧化还原滴定中，在试液的电位改变时可以迅速改变颜色。

学以致用

自制酸碱指示剂

1. 从红萝卜皮中提取酸碱指示剂

刮下红萝卜的红皮，用95%的酒精浸泡一天左右，过滤后取它的滤液。按检验的需要制作pH1～14的标准溶液若干个。每个标准溶液取10mL，分别加入试管中，各试管中加入红萝卜皮浸泡液（即酸碱指示剂）10滴，用橡皮塞塞紧，作为标准样品。在测定某溶液的酸碱度时，加入上述红萝卜皮指示剂，当发生颜色变化时，跟上述制得的标准样品的颜色做比较，就能确定待测溶液的pH大致范围。红萝卜皮浸泡液实测的结果是：pH在6以下时显红色，pH在6～8时显紫红色，pH在8～10时显绿色，pH在10以上时显黄色。

2. 从米苋菜中提取酸碱指示剂。

把250g红色米苋洗净切碎，放在约500g水中加热煮沸约10分钟，滤去残渣，就得到红色的酸碱指示剂。它的变色范围是：pH小于2时显紫红色，pH在2～4时显玫瑰红色，pH在5～7时显洋红、酒红色，pH在7～9时显黄色，pH在9～13时显黄绿色，pH大于14时显亮黄色。

3. 用咖喱粉测试溶液的酸碱性

取一匙咖喱粉，用50%的酒精调成糊状，涂在一块白布的两面。放置一段时间后用水冲去多余的咖喱粉，白布被染成黄色，这就制成了一块可以多次反复使用的酸碱指示布。它遇碱性溶液呈红色，遇酸性溶液呈黄褐色。每次用完后，用水把布上的酸性或碱性物质漂洗干净，指示布又恢复原来的黄色，可以供下次使用。

第八节 重要的盐

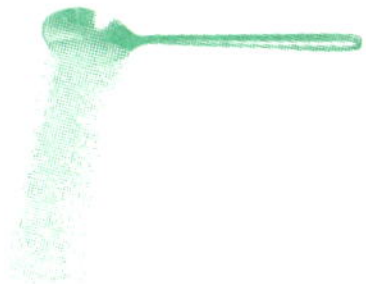

在人们的饮食生活中，盐是不可缺少的。远在新石器时代时期，人们就已经开始食用盐了。最开始的时候，人们食用的都是海盐，但是海盐有一股腥味。后来，人们发现了湖盐，湖盐比海盐好吃。随着劳动技术的发展，制盐技术不断提高，现在食用的盐无论是纯度还是味道，都比以前好了很多。

按照产地标准，食盐可分为海盐、湖盐、竹盐、井盐、池盐等。海水是盐的“故乡”，海水中含有各种盐类，其中90%左右是氯化钠，也就是食盐。另外还含有氯化镁、硫酸镁、碳酸镁及含钾、碘、钠、溴等各种元素的其他盐类。氯化镁是点豆腐用的卤水的主要成分，味道是苦的，因此，

晒盐场

含盐类比重很大的海水喝起来就又咸又苦了。

盐的作用

食盐，是对人类生存最重要的物质之一，也是烹饪中最常用的调味料。盐的主要化学成份是氯化钠，对人体来说，钠离子和氯离子扮演着至关重要的角色。

一、维持细胞外液的渗透压

钠离子和氯离子是维持细胞外液渗透压的主要离子。在细胞外液的阳离子总量中，钠离子占90%以上，在阴离子总量中，氯离子占70%左右。所以，食盐在维持细胞外液渗透压方面起着重要作用，影响着人体内水的动向。

知识链接

几种营养盐

加锌盐。指加入微量元素锌的食盐。锌是人体必需的14种微量元素中较重要的一种，使用加锌盐可以预防青少年和儿童缺锌，提高人类健康水平。

低钠盐。普通食盐中，钠含量高，钾含量低，易引起膳食中钠、钾的不平衡，而导致高血压。低钠盐的钠、钾比例合理，能降低血液中的胆固醇，适于高血压和心血管疾病患者食用。

加碘盐。指加入一定比例的碘化物和稳定剂的食盐。为防治碘缺乏症，在普通食盐中添加一定剂量的碘化钾和碘酸钾。这是一种最科学、最直接、最有效、最简单、最经济的防治碘缺乏症的补碘方法，是主要为缺碘地区居民补碘而研制的，可防治地方性甲状腺肿、克汀病。

加硒盐。加硒盐则是在碘盐的基础上添加了一定量的亚硒酸钠制成的。硒是人体微量元素中的“抗癌之王”，具有抗氧化、延缓细胞老化、保护心血管健康及提高人体免疫力等重要功能，同时硒还是体内有害重金属的解毒剂。中老年人、心血管疾病患者、饭量小的人，可以选择加硒盐。

二、参与体内酸碱平衡的调节

由钠离子和碳酸氢根离子形成的碳酸氢钠，在血液中有缓冲作用。氯离子与碳酸氢根离子在血浆和血红细胞之间也有一种平衡，当碳酸氢根离子从血红细胞渗透出来的时候，血红细胞中阴离子减少，氯离子就进入到血红细胞中，以维持电性的平衡。反之，也是这样。

三、氯离子在体内参与胃酸的生成

胃液呈强酸性，pH值约为0.9～1.5，它的主要成分有胃蛋白酶、盐酸和粘液。胃体腺中的壁细胞能够分泌盐酸。壁细胞把碳酸氢根离子输入血液，而分泌出氢离子输入胃液。这时，氯离子从血液中经壁细胞进入胃液，以保持电性平衡。这样强的盐酸在胃里为什么能够不侵蚀胃壁呢？因为胃体腺里有一种粘液细胞，分泌出来的粘液在胃粘膜表面形成一层约1mm～1.5mm厚的粘液层，这粘液层常被称为胃粘膜的屏障，保护胃粘膜在酸的侵袭下不致被消化酶所消化而形成溃疡。但饮酒会削弱胃粘膜的屏障作用，往往增大引起胃溃疡的可能性。

盐的应用

一、在化学工业中的应用

可以说，盐是化学工业之母。化学工业是国民经济的基础产业，三酸（硫酸、盐酸、硝酸）、两碱（纯碱、烧碱）是基本的化学工业产品，而其中的盐酸、纯碱、烧碱是以盐为主要原料生产的。国民经济的全面发展依赖于发达的化学工业，而发达的化学工业又依赖于发达的制盐工业。

知识链接

每生产1t纯碱或烧碱要消耗1.2～1.4t原盐，全世界用于生产钠碱、氯和氯的衍生物等80多种基本化工产品所用的盐，占全世界总盐耗量的60%以上。在工业发达国家，化工用盐一般都占到总盐耗量的90%以上。

二、在染料工业中的应用

染料工业常用的原料如烧碱、纯碱和氯气，是以盐为原料直接生产出来的，盐酸、硫化钠、保险粉等是盐经深加工制得的。此外，生产过程中还直接耗用大量的盐。所以说，染料工业是除了氯碱工业以外，与盐业关系非常密切的行业之一。

三、在冶金工业中的应用

盐在冶金工业中用作氯化焙烧剂和淬火剂，也作处理金属矿石的脱硫剂和澄清剂。钢制品和钢轧制品浸入食盐溶液，可使其表面硬化并除去氧化膜。带钢及不锈钢的酸洗，炼铝、电解金属钠等的助焙剂，冶炼中的耐火材料等，都要用到盐化工产品。

四、在建材工业中的应用

用盐制成的纯碱是生产玻璃的主要原料，另外在熔制玻璃时为了消除玻璃液中的气泡，必须加入一定数量的澄清剂，而盐也是常用的澄清剂中的成分，盐的用量约达玻璃熔体的1%。

一般的粗陶器、陶质砖瓦和缸器需用盐做上釉剂，每立方米陶器的盐耗量为0.5 ~ 3kg。

为了提高搪瓷瓷釉的性能，在涂搪前需添加一些搪加物。盐就是一种搪加物，用于面釉，以增加粉坯的强度，提高制成搪瓷后抵抗刻痕和磨损的能力。每100kg釉浆中，盐的最高用量为0.3kg。

制盐的废渣（盐石膏）以及卤水净化中产生的钙镁泥（盐泥），可做建筑墙板、墙体材料或填料，还可做水泥填料。

五、在机械工业中的应用

在机械铸造时，盐可用作非铁金属和合金铸造中型砂的优良粘合剂。高温下，盐促使铸件型芯变软，从而防止铸件热裂纹的产生。与有机粘合剂相比较，盐在高温时产生的有害气体也最少。

钢制的机械零件或工具在热处理时，最常用的加热设备是盐浴炉。盐浴炉与箱式炉加热相比，具有温度容易控制，受热均匀，加热速度快，可以局部加热，细长的工件不易弯曲，能避免发生氧化和脱碳现象等很多好处。

黑色金属以及铜、铜合金进行电镀前强酸洗时，都需要用盐。

六、在石油工业中的应用

油井钻探过程中，为保护岩盐层岩心的完整性，需在泥浆中添加盐做稳定剂，用盐化工产品硫酸钡使钻井泥浆增重并做调节剂。石油精制时，为除去汽油中的水雾，用盐做脱水剂。在煤油精炼过程中，以盐做过滤层除去其中的杂质。还有很多盐化工产品也广泛应用于石油工业，如一些油溶性的有机酸钡盐可做汽油燃烧的促进剂，以促进汽油完全燃烧；氧化镁、氢氧化镁和碳酸镁可作为灰分改质剂添加于燃料油中，用来防止钒化合的高温腐蚀；以硼为原料制得的氮化硼，其硬度与金刚石相等，在1500~1600℃的高温中稳定性还优于金刚石，可做超硬材料，用于生产石油钻探的钻头。

七、在轻工业中的应用

在制造肥皂时，为保持溶液合适的粘度，常常需要加入盐，因为盐中的钠离子可降低皂化液的粘度，从而使皂化反应正常进行。为使脂肪酸钠在溶液中达到足够的浓度，还需加固体盐或浓盐水进行盐析，以提取甘油。制肥皂时还用盐化工产品硅酸钠做填料，可增加肥皂的碱度、硬度和强度。

制革工业中需要大量的畜皮，原料皮在贮运过程中，为了防止或抑制微生物的侵蚀，必须经过防腐处理以免降低皮的质量。制革工业中最常用

盐在轻工业中应用广泛

的防腐方法，就是盐腌法和盐干法。在制革过程中，裸皮必须浸泡在浸酸液中，浸酸液一般是硫酸加食盐的混合溶液。制革中的生皮脱毛、皮革鞣制要用到硫化钠、硫氢化钠、硫代硫酸钠等盐化工产品。

造纸行业制造纸浆、漂白纸浆以及做填充剂等，都要用硫酸钠、硫酸镁、氯酸钠等盐化工产品。

火柴、火药、印刷、电影和照相行业也广泛使用多种盐化工产品。

八、在国防和尖端技术中的应用

盐化工产品在电子工业和国防工业中也广泛应用。在国防工业中，制造枪炮、子弹、飞机、坦克、舰艇，以及炸药、曳光弹、燃烧弹和消焰

剂，都广泛需要氯酸盐、高氯酸盐、硝酸钾、硝酸钡、硝酸锶、氯化钾等盐化工产品。火箭在高空大气层施放钠蒸气以产生明亮的橙黄色云雾，就需要以盐为原料制造的金属钠。

九、在农牧业中的应用

氯化钠是家畜家禽饲料中重要的矿物质之一。钠能维持血液和组织液的酸碱平衡，调节正常渗透压的稳定，刺激唾液的分泌促进畜禽的食欲，还能保持畜禽胃液呈酸性。饲料中如果铁盐或盐分含量不适，会引起畜禽食欲不振，产生消化障碍，并易养成异食癖。严重时，畜禽会发育不良或体重下降，产蛋鸡产蛋数量减少，母猪、母牛奶水减少，进而影响仔猪和仔牛健康成长。

盐水可以用于选种。精选作物或树木种子时，通常用盐水浸泡的方法。种子的比重与相同体积盐水的比重是不同的，将种子倒进浓度合适的盐水里，饱满完好、比重大的种子就会下沉，秕粒、病虫粒及破粒由于比重小会浮在水面上。

盐还可以作为肥料使用。在我国南方地区，有使用盐做肥料的习惯。如甜菜、芹菜等作物，当供给少量钠盐时，常能提高产量。当小麦、大麦、棉花、豌豆等作物在缺少钾的情况下，及时供应钠盐，也能提高其产量。在有机肥料中加进少量的盐，就能加强其中微生物的活动，促使有效养分的释放，提高肥效。

第九节 美丽的金属

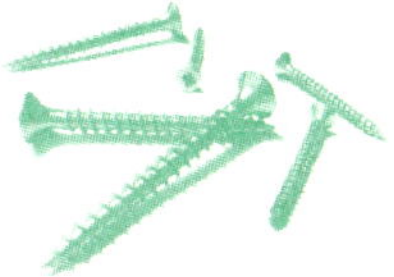

在发现金属之前，人类只能利用简单加工的石器去征服大自然。直到有一天，人们通过发现陨石、小块黄金或含有铜矿的石头在燃烧后的灰烬中留下的金属铜，才认识了金属。无论是哪一种情况，好奇（或幸运）的人们发现了这些陌生的新物质。人类由此进入了一个新的时代——金属时代！

在人类历史上，金属的使用比较迟。其中一个原因是除了少数金属外，金属在自然界都与其他元素结合成化合物，而且不容易辨认与提取。

通过下表，我们可以了解金属发现的年代。

金属	在地壳中所占的百分比（%）	发现的年代
铝	1	110年前
铁	4	3000年前
钠	2.5	190年前
镁	2	130年前
锌	0.007	2000年前
铜	0.0046	7000年前
银	0.000007	6000年前
铅	0.005	6500年前
锡	0.0002	6000年前
金	0.0000005	10000年前

金属的发现

黄金是人类最早发现并利用的金属。距今10000多年前，黄金就已经被人类发现并利用。黄金之所以被人类最早认识，是由黄金的特殊物理性质所决定的，黄金在自然界可以以单质形态存在，而其他金属往往以化合物的形态存在。

目前所知记录黄金的最古老文献是旧约《圣经》。创世纪第二章记载：伊甸园中有一条河，分成四支向下游流去，第一条河叫比宋河，环绕着产有黄金的哈比拉地区，这里的黄金属上质。发现黄金价值的记载亦是《圣经》。创世纪第十三章记载：亚伯拉罕拥有相当多的金银家畜。可见，当时人们已认为黄金是很值钱的财产。把黄金作为货币使用，源于公元前6世纪小

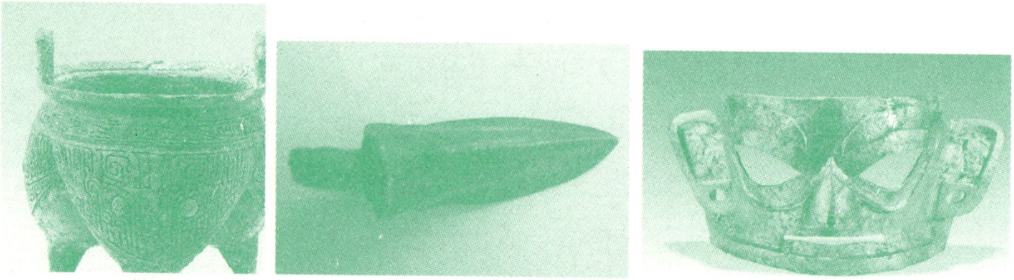

古代金属制品

亚细亚中西部的古国吕底亚。纯金制的装饰品和美术品的盛行源于公元前1世纪。罗马帝国在征战时，把各地的黄金当作战利品搜刮回国，并夺他国的产金地，故罗马的黄金愈存愈多，促进了黄金首饰的发展。

铜也是人类最早发现的金属之一，它的发现可以追溯到公元前四五千年。在新石器时代晚期，人类最先使用的金属就是“红铜”（即“纯铜”）。人们有了长期用火特别是制陶的丰富经验后，为铜的冶铸准备了必要的条件。在发掘出的公元前5000年的中东遗迹中，就有铜打制成的最早的铜器。公元前4000年左右，铜的铸造技术普及。公元前3000年左右，铜的铸造技术传到印度，后来传到中国。到公元前1600年左右的殷朝，中国的青铜器制造业已经很发达。

铁在自然界中分布极为广泛，但人类发现和利用铁比黄金和铜要迟。首先是由于天然的单质状态的铁在地球上非常稀少，而且它容易氧化生

锈，加上它的熔点又比铜高得多，就使得它比铜难于熔炼。铁的发现和大规模使用，是人类发展史上的一个光辉里程碑，它把人类从石器时代、铜器时代带到了铁器时代，推动了人类文明的发展。至今，铁仍然是现代化学工业的基础，是人类进步所必不可少的金属材料。

知识链接

人类最早发现的铁是从太空落下来的陨石，陨石中含铁的百分比很高，是铁和镍、钴等金属的混合物。在熔化铁矿石的方法尚未问世，人类不可能大量获得生铁的时候，铁一直被视为一种带有神秘性的最珍贵的金属。

铝的活泼性强，不易被还原，因而它被人类发现的时间较晚。1800年，意大利物理学家伏特制造出第一个电池后，英国化学家戴维和瑞典化学家贝齐里乌斯都曾试图利用电流从铝钒土中分离出铝，但都没有成功。贝齐里乌斯给这个自己未能取得的金属起了一个名字alumien。这是从拉丁文alumen来。该名词在中世纪的欧洲是对具有收敛性矾的总称，指染棉织品时的媒染剂。铝后来的拉丁名称aluminium和元素符号Al正是由此而来。

金属的制备

一、铜的制备

从铜矿石冶炼铜的过程比较复杂。以黄铜矿为例，首先把精矿砂、熔剂（石灰石、砂等）和燃料（焦炭、木炭或无烟煤）混合，投入“密闭”的鼓风炉中，在1000℃左右的温度进行熔炼。于是，矿石中一部分硫成为二氧化硫（用于制硫酸），大部分的砷、锑等杂质成为二氧化二砷、二氧化二锑等挥发性物质而被除去。一部分铁的硫化物转变为氧化物，硫化亚铜跟剩余的硫化亚铁等便熔融在一起而形成冰铜（含铜率在20%～50%之间，含硫率在23%～27%之间），氧化亚铁跟二氧化硅形成熔渣。熔渣浮在熔融的冰铜的上面，容易分离，借以除去一部分杂质。然后把冰铜移入到转炉中，加入熔剂（石英砂）后鼓入空气进行吹炼（1100～1300℃）。由于铁比铜对氧有较大的亲和力，而铜比铁对硫有较大的亲和力，因此冰铜中的硫化亚铁先转变为氧化亚铁，跟熔剂结合成渣，而后硫化亚铜才转变为氧化亚铜，氧化亚铜跟硫化亚铜反应生成粗铜（含铜量约为98.5%）。再把粗铜移入反射炉，加入熔剂（石英砂），通入空气，使粗铜中的杂质氧化，跟熔剂形成炉渣而除去。在杂质除到一定程度后，再喷入重油，由重油燃烧产生的一氧化碳等还原性气体使氧化亚铜在高温下还原为铜，得到的精铜约含铜99.7%。

二、铁的制备

现代炼铁工艺绝大部分采用高炉炼铁，个别采用直接还原炼铁法和电炉炼铁法。高炉炼铁是将铁矿石在高炉中还原，熔化炼成生铁，此法操作简便，能耗低，成本低廉，可大量生产。由于适应高炉冶炼的优质焦炭煤日益短缺，不用焦炭而用其他能源的非高炉炼铁法陆续出现。如直接还原炼铁法，是将矿石在固态下用气体或固体还原剂还原，在低于矿石熔化温度下，炼成含有少量杂质元素的固体或半熔融状态的海绵铁、金属化球团或粒铁，作为炼钢原料（也可作高炉炼铁或铸造的原料）。又如电炉炼铁法，多采用无炉身的还原电炉，可用强度较差的焦炭（或煤、木炭）做还原剂。电炉炼铁的电加热代替部分焦炭，并可用低级焦炭，但耗电量大，只能在电力充足、电价低廉的条件下使用。

三、铝的制备

工业上冶炼铝主要应用电解法，主要原理是霍尔–埃鲁铝电解法：以纯净的氧化铝为原料，采用电解方法制铝，因纯净的氧化铝熔点高（约2045℃），所以工业上都用熔化的冰晶石做熔剂，使氧化铝在1000℃左右的高温中溶解在液态的冰晶石中，成为冰晶石和氧化铝的熔融体，然后在电解槽中用碳块做阴阳两极，进行电解。

铝制品

金属的应用

金属的种类繁多，这里就简单介绍几种我们常见金属的应用。

铝，密度小，其导电、导热的性能极佳，优良的抗腐蚀性能、优异的延展性使其极具可塑性，是当前用途十分广泛的、最经济实用的材料之一。

铅，制造蓄电池的极板需要铅合金，电池糊使用氧化铅，轴承合金、焊料合金以及模具合金都需要使用铅，船舶为了抵抗海水的侵蚀也需要使用铅板、铅管。另外，生产塑料需要用铅做稳定剂，生产橡胶制品的活性剂、玻璃和涂料工业的主力用剂也是铅。

镍，作为铁磁性金属，能够用于生产不锈钢、高温合金钢、高能特种合金以及镍基喷镀材料，可用于制造高性能作战飞机、火箭、坦克、潜艇、雷达、原子反应堆等等。含有镍的结构钢、耐酸耐热钢能广泛应用于石油化工和机械制造，譬如机器设备上的大型锻造件、汽轮机、发动机、鼓风机、水泵和大型耐酸容器等。

锑，是一种银白色脆性无延展特性的金属，但铅锑合金具有绝佳的耐腐蚀性能，不仅仅是生产蓄电池的主要材料，而且是化工专用泵、管道等需要使用抗腐蚀材料方面的主力材料。锑与锡、铝、铜制成的合金强度高、耐磨损，可以广泛用于轴承制造。高纯度的锑以及锑的金属化合物可以用于生产半导体和热电元件。

镁，是一种生产铝合金的材料，镁的加入不仅让铝合金的机械强度大大提高，继而让铝合金具备了优良的机械加工性能以及对碱性的抗腐蚀性能，而且制造出来的结构件和压铸件强度更大，在航空航天和汽车制造等很多产品制造领域可以代替铝制品。镁合金因其质量轻、抗疲劳性质强的特性，在火箭、导弹外壳以及动力装置系统等方面被大量应用。

知识链接

镁元素还极具亲和力，可以在用金属还原法生产钛、锆、铀等过程之中充当重要的还原剂，在生产球墨铸铁技术中作为球化剂，还可以代替碳化钙在炼钢过程中起到脱硫作用，在海绵钛生产中作为还原剂。

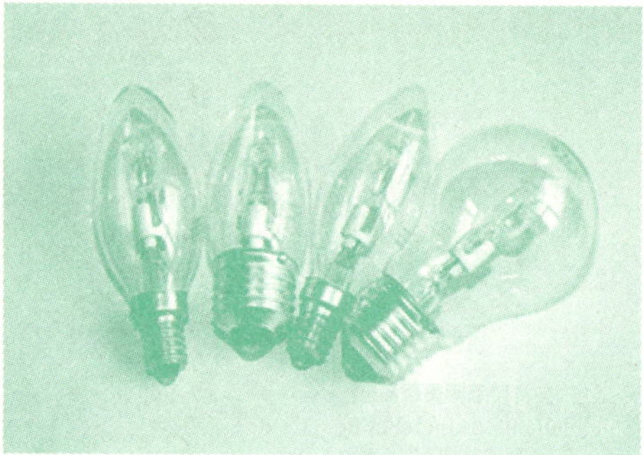

钨丝灯泡

钨，熔点高，密度大，硬度大，可以和铬、钼、钴组成耐磨合金，用于制造刀具、金属表层硬化材料、燃气轮机机片等方面，还可以与钽、铌、钼组成难溶合金。另外，钨是制作灯泡的重要原料，还可以作为电子管的部件、电弧焊的焊极。镍钨合金可以作为防辐射的防护屏。

钼，单独出现在人们面前的机会不多，是难溶的金属，主要是用于钢铁工业，大部分都是以工业氧化钼形式压块后直接被用于炼钢或铸铁。不锈钢中加入钼，能大大改善钢的耐腐蚀性能。铸铁中加入钼，可以大大提高强度和耐磨性能。

第四章

神奇现象

The Mysterious Phenomenons of Nature

第一节 湖底传来轰鸣声

17世纪，英国殖民者入侵印度，一个名叫史密斯的英国指挥官带领军队驻扎在一个叫劳弗里弗亚的湖边。有一天，湖边发生了一件骇人的事情。七个英国士兵沿着湖边巡逻，当轮班的士兵前去换岗时，竟发现这几个士兵全都倒地死去了。士兵们的尸体被送去进行尸检，发现身体上没有任何伤痕，最后的检验结果显示他们是中毒身亡的。这究竟是怎么回事呢？

史密斯首先想到这也许是印度人对英国官兵不满，故意投毒。因为当时印度沦为英国殖民地，印度老百姓对英国侵略者都恨之入骨，谋划杀死几个英国士兵也不足为怪。后经多方调查，也没有调查出结果。后来有人提醒史密斯，这几天来有一件事情非常怪异，或许士兵的死与此有关。那就是一到晚上，湖里就会传出一阵阵震耳欲聋的炮声，而湖面依旧平静。难道是湖在作怪吗？这些奇怪的炮声是从哪里来的？是它杀死了士兵吗？

其实，这种从湖中传出炮声的神奇现象不只在印度出现，美国纽约州的塞内卡湖也时常发生类似的现象。湖面平静如镜，湖底却炮声阵阵，没人能够找到声音发出的具体位置。科学家曾经试图寻找炮声的位置，但无论动作有多么迅速，总是落在炮声的后面，当他们赶到炮声传出的地方时，炮声又像捉迷藏似的在另一个地方响起。世界各地都曾出现过类似的现象，人们将湖底的这种响声称为“水炮”。

关于“水炮”最早的记录来自一位地质学家的一篇报道，他在报道中描述了在印度恒河三角洲巴里萨尔一带的亲身经历：“寂静的夜晚……我

平静的湖水下面不知隐藏着什么秘密

们时不时地听到远处如同炮声一样低沉的隆隆声，有时是一阵单调的声响，有时却是连珠炮式的轰鸣，似乎远处正有两军在对垒……”居住在巴里萨尔周围的人们声称，每当遇上暴风雨天气，这种莫名其妙的炮声一定会如期而至。当地人肯定地说，这种声音应该不会是雷声，因为水炮声与雷声的音质以及传来的方向都有明显的不同。那么，这幽灵般的炮声究竟又是怎么产生的呢?

湖底炮声的谜团一直困扰着人们，直到1986年，位于非洲喀麦隆的尼俄斯湖爆发的一次世所罕见的灾难，给人们带来了新的启示。

1986年8月，在尼俄斯湖边发生了一起死亡事件，在几天时间里，就至少有1700名村民命丧黄泉，还有许多家禽也同遭此难。同样，在尼俄斯湖畔死亡灾难发生前夕，许多人听到湖底传出一阵阵轰隆隆的炮声。

当地政府和科研机构都极为震惊，立即派科考队前往尼俄斯湖进行调查。调查结果表明，村民是在二氧化碳中窒息而亡的，这些二氧化碳就来自尼俄斯湖。二氧化碳气体是由湖底火山活动产生的，不断产生的气体溶解并积聚在湖底水中，一直被上层湖水封存。湖底水中的气体越积越多，压力越来越大，随时都有可能冲破上层湖水喷涌而出。当上层湖水受到波动，如发生地震、大风暴或火山爆发时，便彻底打破了一直维持的临界状态，底层水中的气体就会趁机向上喷涌而冲出湖面。二氧化碳气体较重，紧贴地面，挤占了地面上氧气的空间，于是令村民窒息而亡。而尼俄斯湖底的炮声源自湖水打破临界状态的瞬间，在那一瞬间，本来溶解在底层湖水中的气体便迅速、猛烈地膨胀，爆裂般冲破上层湖水，因此产生了巨大的响声。

湖中喷出二氧化碳气体

再来回顾一下其他湖中发出的水炮声，这些响声发出时的情景与尼俄斯湖简直如出一辙。在劳弗里弗亚湖，那几天炮声接连响起，湖底一定也积聚了许多由地质运动产生的气体，不仅包括二氧化碳，而且包括一氧化碳和含硫的有毒气体。这些气体一旦喷涌出来，会使人迅速死亡，比二氧化碳气体更可怕。因为要使人窒息，二氧化碳气体必须大量积聚，才能挤占地面氧气的空间，而一氧化碳和含硫的有毒气体只需被吸入少许，就能致人于死地。在劳弗里弗亚湖边巡逻的士兵很可能就是吸入了从湖底冲出水面的有毒气体而死于非命的。

从巴里萨尔湖发出的水炮声看来真与暴风雨有过“约定”，暴风雨打破了湖水的沉静，使湖底溶解于水中的气体有了可趁之机，伴随着一声声的轰鸣冲破了上层湖水的封锁。而美国塞内卡湖中与科学家捉迷藏的炮声并非有意要捉弄人类，湖底气体的喷涌不一定会固定在一个地方，哪里的上层压力较小，哪里就容易发生气体喷涌，那一处也就会成为水炮的发声地。在宽阔的湖底，发声地的位置没有规律可循，人们很难追踪到瞬间发出的炮声。除此之外，从水下传来的声音，由于水的传播，使声音传来的方向模糊不清，这也是人们难觅其踪的原因。

第二节 “锡疫”的恶作剧

19世纪中叶，俄军的一支军队驻守在圣彼得堡。冬天降临的时候，军队换装发棉衣时，发现成千上万套的棉衣上所有的扣子都没有了。俄国沙皇知道了这件事情后，大发雷霆，传令把负责监制军服的大臣问罪。这位大臣十分肯定，所有军服都是钉了扣子的，可为什么都丢了呢？他觉得十分奇怪，便对沙皇说：“请容臣做一次调查，如果真是我一时疏忽，再治罪不迟。”沙皇同意了。

于是，这位大臣来到放军服的仓库查看。他拿过几套衣服一看，果然没有扣子。但是，在钉扣子的地方，却有一小堆灰色的粉末。这是怎么回事呢？难道扣子都碎了吗？他问下属，扣子是用什么做的。下属说是锡。这件事被一位科学家朋友知道了，他对愁眉苦脸的大臣说：“包上这些粉末，跟我去见沙皇，我会帮助你。”

两人见了沙皇，科学家说：“陛下，这件事情是锡跟我们开的一个玩笑。扣子是用锡做的，锡怕冻，一冻就化了。”沙皇不信，锡是金属，怎么能“化”呢？科学家要求当场试验，沙皇同意了。他拿出几枚扣子，放在盘子里，拿到皇宫的院子中。过了一两夜，科学家把盘子端到沙皇面前，用手一碰扣子，这扣子竟“粉身碎骨”了。于是，沙皇明白了军服没有扣子的原因，赦免了那个大臣。

锡只有在常温下富有展性，如果温度下降到-13.2℃以下，它就会逐渐变成煤灰般松散的粉末。特别是在-33℃或有红盐的酒精溶液存在时，这种变化的速度会大大加快，一把好端端的锡壶便会“自动”变成一堆粉末。这种锡的“疾病”还会传染给其他“健康”的锡器，被称为“锡疫”。造成这种现象的原因，是由于锡的晶格发生了变化：在常温下，锡是正方晶系的晶体结构，叫作白锡。当你把一根锡条弯曲时，常可以听到一阵嚓嚓声，这便是正方晶系的白锡晶体间在弯曲时相互摩擦发出了声音。在-13.2℃以下，白锡转变成一种无定形的灰锡。于是，成块的锡便变成了一团粉末。

多少年后，又发生了一场悲剧。1912年，一支外国探险队来到南极探险。他们所用的汽油桶都是用锡焊成的。在南极的冰天雪地里，锡变成了粉末，结果汽油都漏走了。最终，这支探险队在南极全军覆没！

第三节　神秘的“水妖湖”

在俄罗斯卡顿山区，有一个神奇的湖泊。那里湖水明亮如镜，四周风光秀丽，湖面还会不断冒出微蓝色的蒸气，如仙境一般。可当地人发现，那个湖泊只见有人去不见有人归。于是人们传说，湖中有妖怪专门杀害游人。久而久之，这个湖泊便被人们称为“水妖湖”。

数年以后，卡顿山区来了一位画家，听人说起“水妖湖”的故事，他怀着好奇心，决定冒险一游，心想说不定能创作出一幅好画来呢！

他一大早就出发，到了目的地登高远望，果然风景奇丽。画家兴奋极了，立即拿出画板进行绘画。画家全神贯注地一连画了几个小时，初稿刚画好，他突然感到一阵恶心、头晕，呼吸变得急促，他立即意识到可能要发生意外，于是匆匆拿起画稿，跌跌撞撞地离开了那里。回家后，他生了

湖面上笼罩着一层薄薄的蓝色蒸气

一场大病，差一点儿丢掉了性命。以后他常常会回忆起那段可怕的经历，可始终不明白是什么要致他于死地。

有一天，他家来了一位地质学家。在交谈中，他讲起了当年去“水妖湖”的经历，还拿出画请地质学家欣赏。地质学家看到画面上有一个小湖，周围山上尽是红色的岩石，湖面在阳光的照耀下升起微蓝色的蒸气。地质学家好奇地问画家：“这是写生画，还是想象画？”画家说完全是根据当时情景画出来的。地质学家若有所思，但一时也无法揭开这个谜。

硫化汞矿石

后来，这位地质学家在用显微镜观察硫化汞矿石时，突然联想到画家的那幅画，那画中的红石头会不会可能是硫化汞矿石？银白色的湖水会不会就是硫化汞分解出来的金属汞（水银）呢？蓝色的微光会不会就是汞蒸气的光芒？

为了证明自己的想法，地质学家便带着助手对“水妖湖”进行了实地勘查。经过采样分析，他终于揭开了“水妖湖”的奥秘。

原来，在卡顿深山里有一个巨大的硫化汞矿，天长日久，硫化汞已经分解成几千吨的金属汞并汇集成所谓的“水妖湖”。游人在湖边莫名其妙地死去，并非是水妖在作怪，而是被湖上散发的高浓度的水银蒸气所毒死的。

知识链接

汞为银白色的液态金属，在常温中就会蒸发。汞中毒以慢性为多见，主要发生在生产活动中长期吸入汞蒸气和汞化合物粉尘所致，以精神-神经异常、齿龈炎、震颤为主要症状。大剂量汞蒸气吸入或汞化合物摄入即发生急性汞中毒。对汞过敏者，即使局部涂沫汞油基质制剂，亦可发生中毒。

第四节 “鬼谷”之谜

在北美洲西北部，有一片十分宽阔的山谷地。早在15世纪以前，这里曾住过不少印第安人。奇怪的是，当地人常常会突然生病，头发会一下子脱光，眼睛失明，然后就痛苦地死去。甚至一些动物也逃脱不了死亡的厄运。于是没多久，这里的人便都搬走了。后来人们就把这个地方叫作“鬼谷”。在“鬼谷”，人们为什么会得这种奇怪的病呢？

知识链接

硒元素是人体必需的常量矿物质营养素之一，人体本身的硒总含量为6~20mg。硒遍布各组织器官和体液，其中在肾中浓度最高，对提高免疫力和预防癌症非常重要。由于人体内不存在长期贮藏硒的器官，机体所需的硒需要不断从饮食中得到，硒浓度的平衡对许多器官、组织的生理功能有着重要的保护作用和促进作用。当硒缺乏的时候，人体免疫能力就会下降。威胁人类健康和生命的40多种疾病都与人体缺硒有关，如癌症、心血管病、肝病、白内障、胰脏疾病、糖尿病、生殖系统疾病等症状。

第二次世界大战后，一些勇敢的地质学家闯入“鬼谷”。经过实地考察与实验，他们最终得出结论：原来这里土壤中含有大量的硒元素。硒经过植物、河水的“传递”进入人体，时间一长，体内的硒含量过高就会造成人中毒死亡。

现代科学研究表明，硒是人体必需的微量元素之一。如果缺乏硒，也同样会引起疾病。过去我国黑龙江省克山县经常流传一种“克山病”，就是由缺硒引起的。这种病来势凶猛，病人开始时呕吐黄水，继而心力衰竭，最后突然死亡。后来研究人员把一种叫作亚硒酸钠的化合物制成溶液喷撒在农作物上，人吃了以后适当补充了硒，就控制了“克山病”的发生。

紫云英

现在，“鬼谷”之谜已被揭开，科学家因地制宜，把它变成一个硒的矿场。人们在这片山谷地上种了一种叫作紫云英的植物。因为紫云英有一种“吃”硒的本领，时间长了，紫云英的体内就会积累很多硒元素。等紫云英成熟后，割下晒干烧成灰，可以提取少量的硒元素。

有人认为自己缺硒，就盲目补硒，把高硒食物当作营养品来长期服用，使人体处在一个高硒状态。其实盲目补硒是不可取的，人体长期处在高硒状态下会出现皮肤痛觉迟钝、四肢麻木、头昏眼花、食欲不振、头发脱落、指甲变厚、皮疹、皮痒、面色苍白、胃肠功能紊乱、消化不良等症状。

正常来说，身体健康的成年人每日食物外补硒25μg以上有保健作用，缺硒成年人需要每日食物外补硒50μg或75μg以上。在天然食品中，富硒大米、富硒小麦、海鲜、蘑菇、鸡蛋、大蒜、银杏等含硒元素都比较高，缺硒的人群可以适当增加这方面的食物，正常人群只需要保持饮食均衡就可以摄取充足的硒。

第五节　奇妙的“闪电增肥”

很早就有人做过利用闪电制造化肥进而肥沃土地的实验。我们知道，氮和氧是空气的主要成分。氮是一种惰性气体，在平常的温度下，它不易与氧化合，但是当温度很高时，它们就能化合形成二氧化氮。

知识链接

二氧化氮是一种棕红色、高度活性的气态物质，所带来的环境效应多种多样，包括对湿地和陆生植物物种之间竞争与组成变化的影响，大气能见度的降低，地表水的酸化、富营养化以及增加水体中有害于鱼类和其他水生生物的毒素含量。

如果我们有兴趣，可以做一个简单的实验：用一个封闭的玻璃瓶，里面充满空气并插上电极。通电时，电极间就有耀眼的火花闪耀。火花之中，慢慢地有黄色的氮气燃烧的火焰出现。过一会儿，原来无色的空气会变成红棕色，把瓶子打开，迎面就有一股令人窒息的气味，这就是二氧化氮。如果往瓶子里倒些水，摇晃几下，红棕色的气体会马上消失，二氧化氮溶解于水后变成硝酸。

自然界的闪电火花有几千米长，温度很高，一定有不少氮和氧化合生成二氧化氮。闪电中生成的二氧化氮溶解在雨水里会变成浓度很低的硝酸。它一落到土壤中，马上和其他物质化合变成硝石。硝石是很好的化肥。曾经有人计算过，每年每平方千米的土地上有100g到1000g因闪电形成的化肥进入土壤。

人工闪电制肥实验的作法有很多，这里只举一个例子。曾经有人在田野里竖立三根杆子（制肥器），一般是木杆，杆高约20米，杆距120米，杆子顶部装有金属接闪器，用金属导线从接闪器一直引到地下埋入土中，随后进行雷击实验。在每次雷击后，对实验地段附近地区的雨水及土壤进行化学分析，测量其中硝酸态氮含量的增减。第一次雷击强度较小，比较明显的范围半径约15米，有效面积约1亩左右。经过土壤分析，结果显示约增氮940g~1000g。第二次雷雨强度较大，以实验地点为中心50米半径范围内，平均每亩增加2.7kg。

闪电

从以上实验可以看出，雷电确实起到了把空气里的氮“固定”到土壤里去的作用。更有趣的是，有人为了验证人工闪电制肥实验的效果，在实验室里用人工闪电做了实验。结果显示，经过闪电处理的豌豆比未处理的豌豆提早分枝，分枝数目也有增加，开花期也提早10天左右；处理过的玉米抽穗提早了7天；处理过的白菜增产15%～20%。这都证明闪电对农作物确有一定好处。

第五章

应用解析

The Use and Analysis of Chemistry

第一节 服装中的化学

我们生活的世界中，到处充满了千奇百怪的化学现象。有些现象让我们无从探寻，因为它们过于深奥、艰涩。有些现象却时时出现在我们的日常生活中，并且处处影响着我们。就比如，我们天天需要穿着的服装与化学就存在密不可分的关系。

服装的功能

亲爱的同学，你知道服装的功能是什么吗？也就是服装的作用是什么？有的同学可能会不耐烦地说：“这还用问吗？遮体御寒保暖呗！”这样回答虽有一定的道理，但还不够全面。

衣服的基本功能有保护功能、装饰功能和标识功能。遮体、御寒、保暖、挡风、防虫等作用属于衣服的保护功能。另外，衣服在质地、色彩、花纹图案、款式等方面，表现出人们对美的追求，这就是衣服的装饰功能。而我们在看古装电影和电视剧时，通过衣着就能判断帝王将相、平民百姓等角色。在生活中，我们经常根据人们身着的不同制服，判断他是警察、军人，还是法官等；看到身着少数民族服装的人，就可判断他可能是哪一个民族的……充满朝气和活力的校服穿在我们身上，别人一看就知道我们学生。这些都属于衣服的标识功能。

当然，衣服还有其他功能，如体现人的社会地位、经济地位、性别角色、政治倾向、生活方式和审美情趣等。

知识链接

随着科技的发展，衣服更多的特异功能被开发出来，如不怕火烧的防火服、特别结实的防弹衣、吸收或反射紫外线的防紫外线服、能阻挡隔离病菌的防护服、减少水的阻力的“鲨鱼皮”泳衣等。另外，还有防静电服、抗菌防臭服、防寒保暖服、夜光服等。

制衣的材料

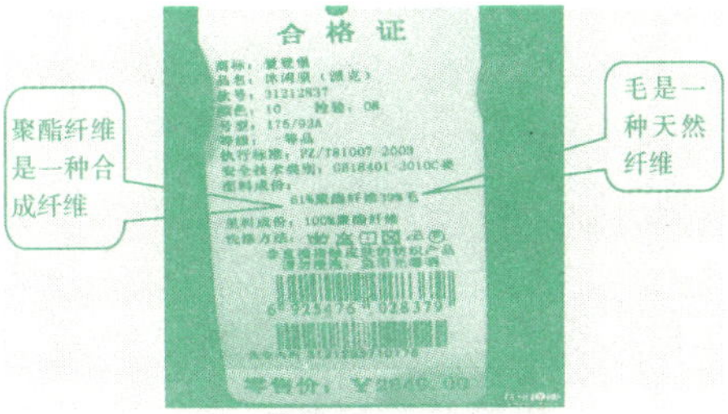

服装标签

你留意过衣服上的标签吗？所谓服装标签，是指专门用来说明服装的性质、用途、来源及使用方法等的一系列指导性文字或图案。它一般包括以下几项内容：服装的商标、服装的成分及用途、服装的使用说明、服装的产地来源、服装的价格标签以及装饰性标识等。其中，非常重要的一项内容就是服装成分，也就是制衣的材料。

制衣的材料主要是纤维，它可分为天然纤维和人造纤维（也叫合成纤维）两大类。

常见的天然纤维有棉、麻、丝、毛等。随着科学技术的发展，新的天然纤维又不断出现，比如菠萝叶纤维与现在普遍使用的竹纤维。棉、麻、竹、菠萝叶纤维是天然纤维素类纤维。毛、丝纤维是天然蛋白类纤维。它们都是大自然奉献给我们的优质纺织纤维原料。常见的人造纤维有涤纶、锦纶、氨纶、腈纶、粘胶、丙纶、维纶等。

人造纤维是以石油为原料，经化学聚合而成。涤纶的化学名称叫作聚对苯二甲酸乙二醇酯，简称聚酯纤维，简写为PET，俗名的确良。锦纶化学名称叫聚酰胺纤维，简写为PA，俗名尼龙。氨纶的化学名称叫作聚氨基甲酸酯纤维，简写为PU。腈纶化学名称叫聚丙烯腈纤维，俗称开司米或合成羊毛。粘胶全称粘胶纤维，俗称人造丝。丙纶化学名称叫聚丙烯纤维，是

棉花

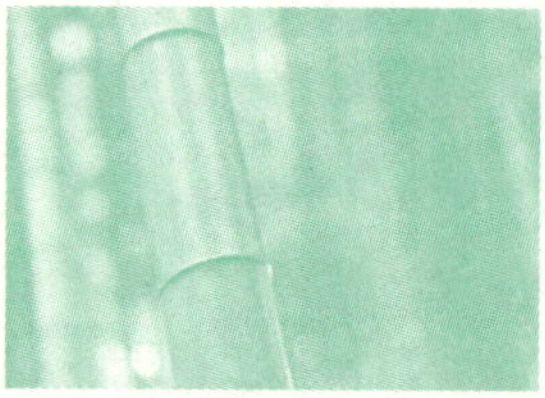

竹子

羊毛

蚕丝

涤纶面料

晴纶提花面料

当前合成纤维的第四大品种，是常见化学纤维中最轻的纤维。维纶化学名称叫聚乙烯醇缩醛纤维，它是七大合成纤维中吸湿性最大的品种，也叫维尼纶，其性能接近棉花，有“合成棉花”之称。以上各种纤维的实质都是化学上所说的有机高分子化合物。

知识链接

大豆蛋白纤维，是由农民发明家李官奇先生历经十年研究开发成功的，并获得世界发明专利金奖。这项发明为纺织业带来了一场新的革命，在纤维材料发展史上和人造纤维发明史上开创了四个第一。第一次研究成功了人造植物蛋白纤维，并实现了产业化开发。美国、日本等国家于20世纪中期就进行了大豆蛋白纤维的研究，但均因达不到纺织所需要的技术指标而宣告失败。大豆纤维号称世界第八大人造纤维，前七种均为外国人所发明，李官奇创造了中国人在人造纤维发明史上第一次突破零的纪录。作为非职业发明人，李官奇第一次站在了世界金奖领奖台上；作为农民发明家，他第一次登上了国家级大奖的领奖台上。

功能性服装

一、防火服

防火服是消防员及高温作业人员近火作业时穿着的防护服装，用来对其上下躯干、头部、手部和脚部进行隔热防护，包括防火上衣、防火裤、防火头套、防火手套以及防火脚套。防火服具有防火、隔热、耐磨、耐折、阻燃、反辐射热等特性，反辐射热温度高达1000℃。

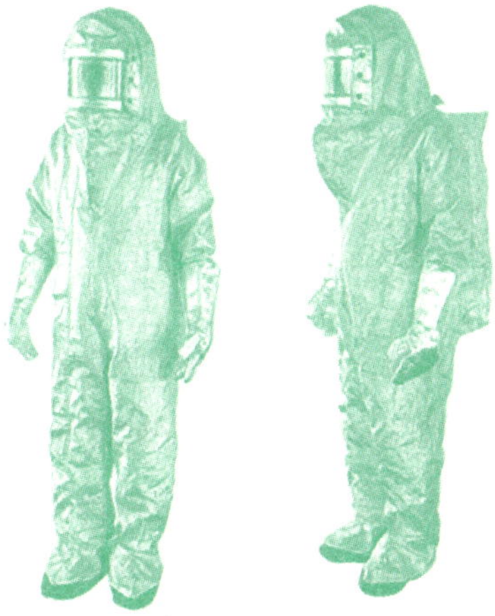

防火服

防火服是由阻燃纤维织物与真空镀铝膜的复合材料制成的，不含石棉（其具有致癌可能），具有比重轻、强度高、阻燃、耐高温、抗热辐射、防水、耐磨、耐折、对人体无害等优点，能有效地保护消防队员、高温场所作业人员接近热源而不被酷热、火焰灼伤。

二、防弹衣

防弹衣是能吸收和耗散弹头或弹片的动能，有效保护人体受防护部位的一种服装。从用途上看，防弹衣可分为警用型和军用型两种。从材料看，防弹衣可分为软体、硬体和软硬复合体三种。软体防弹衣的材料主要以高性能纺织纤维为主，这些高性能纤维的能量吸收能力远高于一般材料，而且相当柔软，适体性好，穿着也较为舒适，内穿时具有较好的隐蔽性，尤其适合警察及保安人员的日常穿用。硬体防弹衣则是以特种钢板、超强铝合金等金属材料，或者氧化铝、碳化硅等硬质非金属材料为主体防弹材料，由此制成的防弹衣穿着不太舒服。软硬复合式防弹衣的柔软性介于上述两种类型之间，它以软质材料为内衬，以硬质材料作为面板增强防护效果，是一种复合型防弹衣。

三、防紫外线服

紫外线会对皮肤造成伤害，使肌肤加速老化或产生皱纹，增加患皮肤癌的危险，也会对人的中枢神经系统产生一定影响，使人出现头痛、头晕、体温升高、脱水等症状。另外，紫外线作用于眼部，可引起结膜炎、角膜炎，被称为光照性眼炎，还有可能诱发白内障。

将具有抗紫外线效果的反光陶瓷材料粘合剂涂印在织物表面，可以形成一层防护薄膜；也可用紫外线屏蔽剂或紫外线吸收剂对织物表面进行精密涂层，经烘干和热处理后，在织物表面形成一层薄膜，然后用这样的布料制作的衣服就是防紫外线服。防紫外线服可以起到一定的防护紫外线的作用。

四、防静电服

防静电服用不同色的防静电布制成，布料纱线含一定比例的导电纱，导电纱又是由一定比例的不锈钢纤维或其他导电纤维与普通纤维混纺而成，通过导电纤维的电晕放电和泄漏作用而消除服装上的静电。由于不锈钢纤维属金属类纤维，所以，由它织成的防静电布料的导电性能稳定，不随服装的洗涤次数而改变。防静电服适用于电子、光学仪器、制药、微生物工程、精密仪器等行业。

五、抗菌防臭服

小小的袜子中也有神奇的化学效应

有一种神奇的袜子，你可以连续穿半个月不洗也不会发臭，连续穿一个月就可以治好脚臭、脚气、脱皮、干裂等脚部疾病。不要怀疑，这种神奇的袜子确实存在。它的原材料为大麻。大麻又称为火麻、线麻、汉麻等，是一种纯天然的草本植物，是人类最古老的纺织材料。由于大麻纤维比较细，纤维横截面形状复杂，含有十几种对人体有益的微量元素，所以用大麻制成的服饰用品除了穿着舒适之外，还具有天然的抗霉抑菌作用，保健的功能十分突出。

六、防寒保暖服

防寒保暖服主要用于冬季室外作业及常年在低温环境作业的专业人员穿用。现在实际应用较多的是以保温絮片做内层，以化纤面料经拒水整理后做外层的防寒保暖服。

现在，英国正在开发一种智能隔热保暖系统，该系统是一个三维织物，在普通的两层织物之间有一种特殊的纤维，这种纤维随外部温度的升降而收缩或膨胀。当环境温度升高时，纤维收缩，增加织物的孔隙率，降低热阻，使人体产生的热量能及时排出体外；当环境温度降低时，纤维膨胀，使织物变得比较蓬松，降低织物孔隙率，增加织物热阻，使人体产生的热量不易排出体外，因而可有效地保持体温。

七、防电磁辐射服

防电磁辐射服主要应用于电子、医疗、航空乃至国防等领域。防电磁辐射服织物的纱线可分为两层，表层是普通纤维，而里层是只有头发丝1/20粗细的金属丝，由这些金属丝编织起来的“保护网”具有良好的抗电磁脉冲性和可裁剪性，可做成普通制服，减轻电磁辐射对人体的伤害。

防电磁辐射服

八、“形状记忆”服装

意大利人毛罗·塔利亚尼设计出一款具有形态记忆功能特性的衬衫。当外界气温偏高时，衬衫的袖子会在几秒钟之内自动从手腕卷到肘部；当温度降低时，袖子能自动复原。同时，如果人体出汗，衣服也能改变形态。这种服装具有形态记忆功能的奥秘，就在于衬衫面料中加入了镍钛记忆合金材料。应用形状记忆面料剪裁的衣服还具有超强的抗皱能力，不论如何揉压都能在30秒内恢复挺括的原状。

九、会“变色”的液晶衣服

这种服装是将热敏化合物掺到染料中，再印染到织物上，然后制成的。热敏化合物的主体是液晶。液晶受外界磁、电、光、声、热和外力等环境因素的影响很大。当这些因素变化时，液晶分子排列顺序就会变化，从而引起对各种色光的折射率改变，我们看到的颜色就会发生变化。科学家正是利用对温度敏感的液晶，研制出了变色服装。如有一种奇妙的时装——会变色的“液晶”时装，在一天24小时内，除了漆黑的夜晚，时刻都会发生颜色的变化。女式服装在烈日炎炎时呈纯白色，具有反射热量的功效；进入房间，温度降低，衣服变为浅蓝色；傍晚，随着温度的下降，又呈现出漂亮的玫瑰紫色。

十、自洁免洗服装

自洁面料就是在普通的面料纤维中加入一层薄薄的纳米二氧化钛。纳米二氧化钛粒的直径仅为10nm～50nm，相当于一根头发直径的1/2500。混合形成的自洁纤维颗粒也非常小，100万个颗粒合起来才相当于针尖大小。这种纤维颗粒可不断自我更新，在阳光照射下与空气中的氧气发生作用，进而分解和蒸发纤维上的尘土和污渍，达到清洗的目的。这种纤维的自洁方式比传统的化学清洗剂更好，不会破坏衣服的质感。

十一、航天服

航天服是保障航天员的生命活动和工作能力的个人密闭装备，可保护人体免受真空、高低温、太阳辐射和微流星等环境因素的危害。在真空环境中，人体血液中含有的氮气会变成气体，使体积膨胀。如果不穿加压气密的航天服，宇航员就会因体内外的压差悬殊而有生命危险。

航天服

舱外航天服主要由头盔、服装、手套和靴子组成，其主要功能有：空间环境防护，包括真空压力防护、空间热防护、空间辐射与微尘流防护；工效保障，包括操作工效保障、视觉保障；环境控制与生命保障，包括供氧调压、通风净化、主动遥控等。

随着科技的发展，越来越多的、神奇的、具有特殊功能的新型服装将会面世，并为我们带来更美好、更健康的生活。

学以致用

用燃烧法对纯棉、化纤、真丝和全毛衣料进行简单鉴别。

纯棉衣料：燃烧快，产生黄色火焰及蓝烟，并能闻到纸张燃烧的气味，灰烬少，灰末细软，呈浅灰色。

化纤衣料：燃烧快，一面燃烧，一面熔化，产生黄色火焰及黑烟，有特殊臭味，灰为黑色硬块。

真丝衣料：燃烧缓慢，燃烧时一边徐徐发泡，一边发出火焰，烧后形成黑色易碎的圆球，发出如毛发燃烧的臭味，剩余物为黑褐色块状。

羊毛衣料：燃烧慢，烧时缩成一团，有燃毛发的臭味，灰为黑褐色小球，用手指一压即碎。

第二节 饮食中的化学

在生活中，我们常听到这样的俗语：“民以食为天。”“开门七件事，柴米油盐酱醋茶。”“百味调和盐为首。”……可以说，饮食是我们生存的基础。

我们人体需要的营养素有六大类：蛋白质、糖类、脂肪、维生素、水和无机盐。这些营养素都需要从我们日常饮食中摄取，然后被人体消化、吸收和利用。

蛋 白 质

人体中的蛋白质与饮食中所摄取的蛋白质在结构和功能上是不同的，所以，饮食中的蛋白质不能被人体直接吸收利用，而是要经过消化水解后才能被吸收利用。

由于口腔内的唾液中不含消化各种蛋白质的蛋白酶，所以，蛋白质在口腔内不能发生化学性消化。在口腔内，食物蛋白经过咀嚼、研磨、搅拌等物理性消化后进入胃肠道，在胃肠道内通过各种酶的联合作用分解成氨基酸，再由肠黏膜上皮细胞吸收，游离的氨基酸最终得以进入血液循环。

食物中的蛋白质被消化成各种氨基酸而被吸收到人体内以后，有以下四个方面的转变：①直接被用来合成各种组织蛋白质，包括血浆蛋白和血红蛋白。②经脱氨基作用分解为含氮部分（即氨基）和不含氮部分。氨基可以转变为尿素被排出体外；不含氮的部分可以合成糖类、脂肪，也可以分解成二氧化碳和水。③通过氨基转换作用，氨基可以转移给其他化合物以形成新的氨基酸。④经过脱羧基作用，可以产生胺类。例如，组氨酸脱去羧基后，可以生成组织胺或新的氨基酸。

一、蛋白质变性在烹饪中的应用

蛋白质在烹饪中会发生一系列变化，这些变化有的有利于饭菜质量的提高，有的则正好相反，因此我们要在烹饪中充分利用蛋白质变性。

天然蛋白质分子具有复杂的空间结构，它决定了蛋白质的特性。蛋白质受到外界各种因素的影响而破坏了自身空间结构的化学键后，会使有规则的螺旋、球状等空间结构变为无规则的伸展肽链，从而使蛋白质原有的特性也发生变化。蛋白质的变性可根据引起变性的原因不同，分为热变性和其他变性。

蛋白质在烹饪中的热变性具有很大的温度系数，即温度每升高10℃，蛋白质变性的速度是原来的600倍。因此，在生活中可采用高温瞬间灭菌，加热破坏食物中的有毒蛋白，使之失去生理活性。在加工蔬菜、水果时，先用热水烫漂，可使维生素C氧化酶（各种酶实质也是具有活性的蛋白质）或多酚氧化酶变性而失活，从而减少加工过程中维生素C由于酶促氧化的损失。

学以致用

在烹饪中采用爆、炒、煎、炸等方法，由于进行快速高温加热，加快了蛋白质变性的速度，原料表面因变性凝固、细胞孔隙闭合，从而原料内部的营养素和水分不会外流，可使菜口感鲜嫩，并能保持较多的营养成分不受损失。经过初加工的鱼、肉在烹制前先用沸水烫，或在油温较高的油锅中速炸，也可达到上述的目的。

除了高温之外，酸、碱、有机溶剂、振荡、紫外线等因素也会引起蛋白质变性。大多数因素也可在烹饪中得到应用。蛋白质的pH值在4以下或10以上的环境中会发生由酸或由碱引起的变性，例如制作松花蛋时，就是利用碱对蛋白质的变性作用而使蛋白和蛋黄发生凝固；酸奶饮料和奶酪的生产，则是利用酸对蛋白质的变性作用；牛奶中的乳糖在乳酸菌的作用下产生乳酸，pH下降引起乳球蛋白凝固，同时使可溶性的酪蛋白沉淀析出。

酒精和其他有机溶剂也能使蛋白质变性，鲜活水产品的醉腌就是利用这一原理，通过酒浸醉死，不再加热即可食用，如醉蟹、醉螺、糟蛋等。

二、蛋白质胶凝在烹饪中的作用

食品中的蛋白质大都属于球状蛋白质，变性后的蛋白质，其特定的空间结构被破坏，肽链伸展。这些伸展的肽链互相聚积，又通过各种化学键发生了交联，形成了三维网状结构，并将适当的水分固定在网状结构内，形成了一种具有不同透明程度和不同弹性程度的凝胶，这就是蛋白质胶凝现象。

胶凝是蛋白质的重要特性之一，蛋白质胶凝现象必须在蛋白质变性的基础上才能发生，所形成的凝胶体的结构对菜肴的口感质地（例如肉的老嫩）影响很大。

很多食品加工过程需要应用蛋白质的胶凝作用来完成，如蛋类加工中的水煮蛋、咸蛋、皮蛋，乳制品中的干酪，豆类产品中的豆腐、豆皮等，水产品中的鱼丸、鱼糕等，肉类中的肉皮冻、水晶肉、芙蓉菜等。

对食品加热时间过长，则会因对蛋白质的加热超过了凝胶体达到最佳稳定状态所需的加热温度和加热时间，引起凝胶体脱水收缩、变硬，保水性变差，嫩度降低。肉类烹饪中嫩肉加热过久会变老变硬，鱼类烹饪中为防止鱼体碎散而在下锅后多烹一段时间才能翻动，也是这个道理。另外，豆制品加工中也应用上述原理。不同品种的豆制品质地软硬要求不同，如豆腐干比豆腐硬韧一些，所以在制豆腐干时，添加凝固剂时的豆浆温度应比制豆腐时高些，这时大豆蛋白质分子间的结合会较多、较强，水分排出较多，生成的凝胶体（豆制品）也较为硬韧。

豆腐

动物的骨、皮、筋和结缔组织中的蛋白质主要是胶原蛋白，经长时间煮沸，或在酸、碱介质中加热，可被水解为明胶，生成胶体。纯净的明胶为无色或淡黄色的透明体，易溶于热水中，具有较高的粘性，并形成可塑性，冷却后即凝固成富有弹性的凝胶，而加热后又能形成溶胶。明胶由于熔点接近人体体温，因此具有入口即化的特点，易于消化，便于人体吸收。因此，可利用明胶制作水晶菜肴，也可作为乳胶的稳定剂。

三、蛋白质水解在烹饪中的应用

蛋白质在烹饪中会发生水解作用，产生氨基酸和低聚肽。许多氨基酸都具有明显的味感，如甘氨酸、丙氨酸、丝氨酸、苏氨酸、脯氨酸、羟脯氨酸等呈甜味；缬氨酸、亮氨酸、异亮氨酸、蛋氨酸、苯丙氨酸、色氨酸、精氨酸、组氨酸等呈苦味；天门冬氨酸、谷氨酸等呈酸味；天门冬氨酸钠和谷氨酸钠呈鲜味。而许多低聚肽，特别是二聚肽，能使食品中各种呈味物质变得更突出、更协调。豆酱、酱油就是利用大豆为原料经酶水解制成的调味品，除了含有呈鲜味的谷氨酸钠外，还含有由天门冬氨酸、谷氨酸和亮氨酸构成的低聚肽，从而赋予这类食品鲜香的味道。

在烹饪中对于富含蛋白质和脂肪的原料，若选用长时间烧、煮、炖、煨、焖等烹调技术，原料中的呈味物质就不断溶于汤中，不但使菜肴酥烂，而且汁浓味厚。如炖牛肉因产生肌肽、鹅肌肽等低聚肽，形成了牛肉汁特有的风味；烧鱼因生成天门冬氨酸、谷氨酸以及这些氨基酸组成的低聚肽，所以鱼汤的滋味特别鲜美。

糖　类

糖类是自然界中广泛存在的一类重要的有机化合物。糖类一般由碳、氢与氧三种元素所组成，由于以前人们发现大多数糖类物质的分子式可写成$C_m(H_2O)_n$的形式，故以为糖类是碳和水的化合物，所以糖类又称碳水化合物。糖类主要包括没甜味的淀粉，有甜味的葡萄糖、麦芽糖、果糖、蔗糖等，它是人体主要的供能物质，在生命活动过程中起着重要的作用，如肌肉收缩、神经传导、体内物质运输所需能量的70%都来自糖类。糖类主要靠人体从谷类和薯类食物中获得。

“功能糖”是近几年新兴的词汇。功能糖其实是指功能性低聚糖、功能性膳食纤维、功能性糖醇等几种具有特殊生理功效的物质的统称。

一、功能性低聚糖

功能性低聚糖是指对人体健康具有一定改善效果的功能性糖类，多是由2～10个单糖通过糖苷键连接形成直链或支链的低度聚合糖。并不是所有的低聚糖都能成为功能糖，只有在人体肠胃道内不被消化吸收而直接进入大肠内为双歧杆菌所利用的低聚糖才称为功能糖。由于人体肠道内没有水解它们（除异麦芽酮糖外）的酶系统，因而它们不被消化吸收而直接进入大肠。这种特性使得它们可以优先为双歧杆菌所利用，是肠

大米、面粉、土豆中含较多的淀粉

道有益菌的增殖因子，也称益生元。这些功能糖主要包括以下几种：低聚木糖（木寡糖）、低聚果糖（果寡糖）、水苏糖、低聚半乳糖、低聚异麦芽糖、大豆低聚糖等。

知识链接

功能糖多是由玉米芯、蔗渣、麦秆等富含半纤维素的物质经过酸法、酸酶法或酶法制取的糖，如低聚木糖；或是由一些淀粉糖类经过酸法、酸酶法或酶法制取的糖，如低聚异麦芽糖。

二、功能性膳食纤维

这是一种高分子的碳水化合物，由于不能被人体正常消化吸收，所以本身并没有营养价值，但是，也正由于其不能被消化，所以可减缓消化速度和最快速排泄胆固醇，可让血液中的血糖和胆固醇控制在最理想的水平上，还可以帮助糖尿病患者降低胰岛素和三酸甘油脂水平。

三、功能性糖醇

功能性糖醇主要包括山梨醇、麦芽糖醇、木糖醇、赤藓糖醇、异麦芽酮糖醇。在中国二型糖尿病显著增加的情况下，普通糖的替代品——糖醇类物质，开始被越来越多地运用。因为糖醇类物质不会引起体内胰岛素的显著增加，所以被许多需要甜味却又必须无糖的食品所添加，而糖醇类物质本身的特性，对改善食品的健康品质、预防慢性疾病的发生发展都有着积极意义。

脂 肪

现在，减肥是女士们最热衷的话题。在全球性减肥热潮中，脂肪在人们心目中的地位可以说是每况愈下，甚至成了苗条身材的大敌，别说再额外摄入了，就连身上的脂肪都恨不得“除之而后快”。再有就是，人体内脂肪过多，易患高血压、高血脂、高血糖、冠心病等心血管疾病。那么，脂肪真的是引起肥胖和心血管疾病的罪魁祸首吗?

其实，脂肪是人体必需的一种营养素，对于人体而言，脂肪是不能完全摒弃的，没有适量脂肪的摄入，会对身体造成很大的危害。脂肪对人体的作用主要有以下几个方面。

给人体提供热量。脂肪在人体内氧化后，变成二氧化碳和水，释放出热量。由脂肪所产生的热量约为等量的蛋白质或碳水化合物的2.2倍。由此可见，脂肪是身体内热量的重要来源。

构成身体组织和生物活性物质。脂肪是构成身体细胞的重要成分之一，脑神经、肝脏、肾脏等重要器官中都含有很多脂肪。脂肪在体内还构成身体组织和生物活性物质，如细胞膜的主要成分，形成磷脂、糖脂等。

调节生理机能。因为脂肪不是良好的导热体，所以皮下的脂肪组织构成是保护身体的隔离层，可以保持体温。脂肪还可以为身体储存“燃料”作为备用，脂肪进入人体以后，一时消耗不完的部分可以存在体内，等身体需要热量时再利用。此外，脂肪还有保护内脏器官、滋润皮肤和防震作用。

溶解维生素。有些不溶于水而只溶于脂类的维生素，只有在脂肪存在时才能被人体吸收利用。营养师提示，长期缺乏脂肪性成分，就容易引起

肥肉、黄油、奶油中都含较多的脂肪

人体维生素A、维生素D的缺乏症，以致出现皮肤干燥、头发枯燥脱落等症状，甚至患上夜盲症、干眼症等。

增加饱腹感。脂肪在胃肠道内停留的时间比较长，所以有增加饱腹感的作用。

当前很多人陷入了减肥的误区，如许多少女为了减肥，一日三餐荤腥不沾，以为不吃脂肪类食物就能达到“苗条”的目的，但结果事与愿违，体重仍在增加。这是因为淀粉和糖类也能转变为脂肪。人吃了较多的脂肪后，容易有饱腹感，就不会再吃更多别的食物。不吃肉和脂肪，就总会有没饱的感觉，于是养成了多吃零食的坏习惯，仍然会变胖。

学以致用

奶油、黄油和“奶油蛋糕中的奶油”的区别

奶油和黄油都是以全脂鲜奶为原料的。奶油也叫作稀奶油，它是在对全脂奶的分离中得到的。分离的过程中，牛奶中的脂肪因为密度的不同，密度小的脂肪球会浮在上层，成为奶油。奶油中的脂肪含量仅为全脂牛奶的20%～30%，营养价值小于全脂牛奶而大于黄油。对牛奶或稀奶油进行剧烈的搅动，使乳脂肪球的蛋白质膜发生破裂，乳脂肪便从小球中流出。失去了蛋白质的保护后，脂肪和水发生分离，它们慢慢上浮，聚集在一起，变为淡黄色。这时候，分离上层脂肪，加盐并压榨除去水分，便成为日常食用的黄油。

很多人认为蛋糕房里用来制作蛋糕的奶油就是奶油，其实是错误的。这种“鲜奶油”根本与奶油无关，它的主要成分是植物奶精，实际上是氢化植物油、淀粉水解物、一些蛋白质成分和其他食品添加剂的混合物。氢化植物油含有反式脂肪酸，大量食用对心脏具有一定的危害，所以平时应尽量少吃。

另外，人体不可缺少脂肪酸，如果长期吃素，人体所需的脂肪酸就会

供应不足，这会促使人体很快把糖类转变为脂肪。这种快速转变，使血糖下降很快，令人感觉很饿，于是又会大量地吃，体重也就跟着增加了。

因此，从化学的角度来看，肥胖的关键原因在于人体摄入的营养物质分解后释放的能量长期大于人体在各种生理活动中所支出的能量，把肥胖、心血管疾病等归罪于脂肪确实不当。科学减肥至少可以从以下几个方面做起：首先要有坚强的毅力，管住自己的嘴巴，做到科学、合理、有规律的饮食；其次要坚决改变不良的生活习惯，如晚睡早起、经常开夜车、通宵达旦的无节制娱乐、久坐不动等；最后就是持之以恒的科学运动。

维生素

维生素又名维他命，通俗来讲，即维持生命的物质，是维持人体生命活动必需的一类有机化合物，也是保持人体健康的重要活性物质。维生素在人体内的含量很少，但不可或缺。

瓜果蔬菜中含有丰富的维生素

各种维生素的化学结构以及性质虽然不同，但它们有着以下共同点：维生素均以维生素原（维生素前体）的形式存在于食物中；维生素不是构成机体组织和细胞的组成成分，它也不会产生能量，它的作用主要是参与机体代谢的调节；大多数的维生素，机体不能合成或合成量不足，必须在食物中获得；人体对维生素的需要量很小，日需要量常以毫克或微克计算，但一旦缺乏就会引发相应的维生素缺乏症，对人体健康造成损害。

植物和多数微生物都能自己合成维生素，不必由体外供给。大多数维生素在动物（包括人类）体内不能合成。人体犹如一座极为复杂的化工厂，不断地进行着各种生化反应，其反应与酶的催化作用有密切关系。酶要产生活性，必须有辅酶参加，而维生素是酶的辅酶或者是辅酶的组成分子。因此，青少年必须经常食用新鲜的瓜果蔬菜，以满足身体快速生长发育的需要。

维生素家族简介详见下表。

名称	别称	溶性	存在	缺少的典型症状
维生素A	抗干眼病维生素	脂溶性	鱼肝油、动物肝脏、绿色蔬菜	易患夜盲症
维生素B_1	硫胺素、抗脚气病因子、抗神经炎因子	水溶性	酵母、谷物、肝脏、大豆、肉类	易患脚气病、末梢神经炎
维生素B_2	核黄素	水溶性	酵母、谷物、肝脏、大豆、肉类	易患口舌炎症（口腔溃疡）
维生素B_9	叶酸	水溶性	蔬菜叶、肝脏	严重贫血
维生素C	抗坏血酸	水溶性	新鲜蔬菜、水果	可引起坏血病
维生素D	钙化醇	脂溶性	鱼肝油、蛋黄、乳制品、酵母	可引起佝偻病
维生素E	生育酚	脂溶性	鸡蛋、肝脏、鱼类、植物油	可引起红细胞溶血、生殖障碍
维生素K	凝血维生素	脂溶性	菠菜、苜蓿、白菜、肝脏	可引起新生儿出血症
维生素PP	烟酸、抗癞皮病因子	水溶性	酵母、肝脏、肉类	癞皮病
维生素H	生物素、辅酶R	水溶性	酵母、肝脏、牛乳	可能导致毛发、指甲、皮肤的损害

水和无机盐

人们常说：“喝水也长肉！”这是真的吗？

我们知道，绿色植物的光合作用需要水。比利时化学家范·海尔蒙特曾做过盆栽柳树称重实验：在木桶里栽柳5年，只用雨水浇灌，柳树苗由2.3kg，增重至76.8kg，90kg干土减重0.057kg，进而得出柳树增加的重量主要不是来自土壤而是来自水的推论。可见柳树“喝水”是会长“肉”的。

我们人体内水的含量约占人体重的2/3左右。水是人体主要的组成物质，在各种组织、器官中都存在大量的水。人生长发育，体重增加，体内含水的质量也会增加，可见人喝水的确能长肉！

当然，人光喝水而不吃饭是不可能长肉的。如果把木桶里的柳树苗露在泥土外面的部分用透明塑料膜包裹严实，使它不能吸收空气中的二氧化碳，那柳树苗就不能进行光合作用，也就不可能“长肉”。同样，人如果只喝水，不摄入其他任何营养物质，那人也就不会生长发育，最终导致死亡，就

水是生命之源

更不可能长肉了。“喝水也长肉”说明了水是人体必须的营养素，水对于我们生长发育有着其他营养素不可取代的作用。

水对人体来讲是构成细胞不可缺少的物质，人体器官组织含水量一般都在70%以上，而血浆、脑脊髓中的含水量则在90%以上，就连骨头中还含有16%～46%的水分。人体很多生理作用，如消化、吸收、分泌、排泄，都一定要在水溶液的状态下进行。新陈代谢的全过程几乎每一环节都需要水。

水对人体有十分重要的作用。①水可调节体温，人体通过体内的水分进行吸热或放热，使人体的温度得到调节。②各种营养物质的消化、吸收和运输，人体内一系列化学变化、废物的排泄等都需要水，如果没有水，这一切都无法进行。③水是人体内的润滑剂，它能滋润皮肤、关节，避免器官间摩擦受损。④水把肺泡表皮润湿后，才能引起气体的弥散作用，所

以呼吸也要靠水。

无机盐是人体必需的一类营养素，人体对它需求的量因种类不同而千差万别。人体必需的无机盐有27种，约占人体重量的4%～5%。凡占人体总重量的万分之一以上的元素，称为常量元素，如其中含量较多的是钙、磷、钾、钠、氯、镁、硫。而凡是占人体总重量的万分之一以下的元素称为微量元素。最重要的微量无机盐分别是铬（Cr）、钴（Co）、铜（Cu）、氟（F）、碘（I）、铁（Fe）、锰（Mn）、钼（Mo）、硒（Se）、锌（Zn）。其中，碘的需求量相比其他在这名单中的微量无机盐为大，因此有时被认为是大量无机盐。而钠一般不被包括在内，尽管它的需求量很大，因为很多食物都含有钠。

微量元素虽然在人体内的含量不多，但与人的生存和健康息息相关，对人的生命起至关重要的作用。它们的摄入过量、不足、不平衡或缺乏都会不同程度地引起人体生理的异常或发生疾病。微量元素最突出的作用是与生命活力密切相关，仅仅像火柴头那样大小或更少的量就能发挥巨大的生理作用。

知识链接

微量元素虽然在人体中需求量很低，其作用却非常大。如铁能预防贫血；锰能刺激免疫器官的细胞增值，大大提高具有吞噬、杀菌、抑癌、溶瘤作用的巨噬细胞的生存率；锌是直接参与免疫功能的重要的生命元素；锶、铬可预防高血压，防治糖尿病、高血脂胆石；碘能治甲状腺肿、动脉硬化，提高智力和性功能；硒是免疫系统里抗癌的主要元素，可以直接杀伤肿瘤细胞。

第三节 建筑中的化学

建筑行业在我国国民生产建设中占有很重要的地位，建筑行业中用到的各种材料都是由各种各样的化学物质形成的，所以建材的化学性质很大程度上决定了建筑的质量和寿命。

建筑材料

建筑材料是土木工程和建筑工程中使用的材料的统称，一般可分为结构材料、装饰材料和某些专用材料。结构材料包括木材、竹材、石材、水泥、混凝土、金属、砖瓦、陶瓷、玻璃、工程塑料、复合材料等。装饰材料包括各种涂料、油漆、镀层、贴面、各色瓷砖、具有特殊效果的玻璃等。专用材料指用于防水、防潮、防腐、防火、阻燃、隔音、隔热、保温、密封等方面的材料。

以下我们简单介绍几种主要的结构材料。

一、粘土砖

粘土砖以粘土（包括页岩、煤矸石等粉料）为主要原料，经泥料处理、成型、干燥和焙烧而成。在春秋战国时期，我国劳动人民陆续创制了方形砖和长形砖，秦汉时期制砖的技术和生产规模、质量和花式品种都有显著发展，世称“秦砖汉瓦”。

粘土砖就地取材，价格便宜，经久耐用，还有防火、隔热、隔声、吸潮等优点，因而在土木建筑工程中使用十分广泛。废碎砖块还可作为混凝土的集料。为改进普通粘土砖块较小、自重大、耗土多的缺点，新型粘土砖正向着轻质、高强度、空心、大块的方向发展。例如，灰砂砖是以适当比例的石灰和石英砂、砂或细砂岩，经过磨细、加水拌和、半干法压制成型，并经蒸压养护而制成。粉煤灰砖以粉煤灰为主要原料，掺入煤矸石粉或粘土等胶结材料，经配料、成型、干燥和焙烧而成，可充分利用工业废渣，节约燃料。

烧砖厂

空心砖是近年内建筑行业常用的墙体主材，由于质轻、消耗原材少等优势，已经成为国家建筑部门首先推荐的产品。空心砖是以粘土、页岩等为主要原料，经过原料处理、成型、烧结制成。空心砖和实心砖相比，可节省大量的土地用土和烧砖燃料，减轻运输重量；减轻制砖和砌筑时的劳动强度，加快施工进度；减轻建筑物自重，加高建筑层数，降低造价。

知识链接

我国人均耕地资源紧缺，但因城乡建房烧制粘土砖，每年都要损毁大量良田。为转变这一严重浪费土地资源的传统烧制方式，国家相关部门很早就联合下发了通知，在全国县城城区开展禁止使用实心粘土砖工作，坚持疏堵结合、禁产和禁用相结合的原则，采取有效措施推进实心粘土砖厂关停、转产，工作重点由禁止使用向禁止生产转移，大力发展符合当地建筑结构需求，能够替代实心粘土砖的优质新型墙体材料。

二、水泥

一般土木工程通常采用的水泥是用石灰石和粘土为原料高温烧制成硅酸盐水泥熟料，然后把熟料与6%~15%混合材料及适量石膏混合磨细制成，是当今建筑中的重要材料和粘合剂。普通水泥是普通硅酸盐水泥的简称，它属于水硬性胶凝材料。硅酸盐类水泥的生产工艺在水泥生产中具有代表性，是硅酸盐工业的主要部分。

水泥生产随生料制备方法的不同，可分为干法（包括半干法）与湿法（包括半湿法）两种。干法生产是将原料同时烘干并粉磨，或先烘干经粉磨成生料粉后喂入干法窑内煅烧成熟料的方法。湿法生产则是将原料加水粉磨成生料浆后，喂入湿法窑煅烧成熟料的方法。这两种方法各有利弊。干法生产的主要优点是热耗低，缺点是生料成分不易均匀，车间扬尘大，电耗较高。湿法生产具有操作简单，生料成分容易控制，产品质量好，料浆输送方便，车间扬尘少等优点，缺点是热耗高。

新型干法水泥生产技术是在20世纪50年代发展起来的，其生产以悬浮预热器和窑外分解技术为核心，采用新型原料、燃料均化和节能粉磨技术及装备，全线采用计算机集散控制，实现水泥生产过程自动化和高效、优质、低耗、环保。到2010年，中国水泥产量达到18.68亿吨，占全球水泥产量的50%以上。

水泥包装袋上的内容包括执行标准、水泥品种、代号、强度等级、生产者名称、生产许可证标志（QS）及编号、出厂编号、包装日期、净含量。包装袋两侧则是根据水泥的品种采用不同的颜色印刷的水泥名称和强度等级，硅酸盐水泥和普通硅酸盐水泥采用红色，矿渣硅酸盐水泥采用绿色，火山灰质硅酸盐水泥、粉煤灰硅酸盐水泥和复合硅酸盐水泥采用黑色或蓝色。

硅酸盐水泥的主要矿物成分有：硅酸三钙（$3CaO \cdot SiO_2$，简式为C_3S）、硅酸二钙（$2CaO \cdot SiO_2$，简式为C_2S）、铝酸三钙（$3CaO \cdot Al_2O_3$，简式为C_3A），铁铝酸四钙（$4CaO \cdot Al_2O_3 \cdot Fe_2O_3$，简式为$C_4AF$）。

水泥遇水就会发生凝结和硬化，这一过程中发生的化学反应主要有以下几点。

硅酸三钙和硅酸二钙与水反应，生成水化硅酸钙和氢氧化钙，其化学反应原理分别为：

$3CaO \cdot SiO_2 + H_2O \longrightarrow CaO \cdot SiO_2 \cdot H_2O$（凝胶）$+Ca(OH)_2$

$2CaO \cdot SiO_2 + H_2O \longrightarrow CaO \cdot SiO_2 \cdot H_2O$（凝胶）$+Ca(OH)_2$

在氧化钙饱和液下且温度较高时，铝酸三钙与水反应，形成水化铝酸钙，其化学反应式为：

$3CaO \cdot Al_2O_3 + 6H_2O \longrightarrow 3CaO \cdot Al_2O_3 \cdot 6H_2O$（水化铝酸钙，不稳定）

水化铝酸钙强度低时，在石膏存在条件下，可加速反应生成三硫型水化铝酸钙，通常称钙矾石，简称E盐，其化学反应式为：

$3CaO \cdot Al_2O_3 \cdot 6H_2O + CaSO_4 \cdot 2H_2O \longrightarrow 3CaO \cdot Al_2O_3 \cdot 3CaSO_4 \cdot H_2O$

石膏量不足时，生成单硫型水化铝酸钙，简称M盐，其化学反应式为：

$3CaO \cdot Al_2O_3 \cdot 6H_2O + CaSO_4 \cdot 2H_2O \longrightarrow 3CaO \cdot Al_2O_3 \cdot CaSO_4 \cdot 12H_2O$

铁铝酸四钙与水反应，生成水化铝酸钙和水化铁酸钙，其化学反应式为：

$4CaO \cdot Al_2O_3 \cdot Fe_2O_3 + H_2O \longrightarrow 3CaO \cdot Al_2O_3 \cdot 6H_2O + CaO \cdot Fe_2O_3 \cdot H_2O$

知识链接

装饰水泥常用于装饰建筑物的表层，施工简单，造型方便，容易维修，价格便宜。品种有如下几种。

白色硅酸盐水泥：以硅酸钙为主要成分，加少量铁质熟料及适量石膏磨细而成。

彩色硅酸盐水泥：以白色硅酸盐水泥熟料和优质白色石膏，掺入颜料、外加剂共同磨细而成。常用的彩色掺加颜料有氧化铁、二氧化锰、氧化铬、钴蓝、群青蓝、孔雀蓝、炭黑等。

三、混凝土

混凝土简称为“砼”，是指由胶凝材料将集料胶结成整体的工程复合材料的统称。我们通常讲的“混凝土”一词是指用水泥做胶凝材料，砂、石做集料，与水（加或不加外加剂和掺合料）按一定比例配合，经搅拌、成型、养护而得到的水泥混凝土，也称为普通混凝土，它广泛应用于当前的土木工程。

装饰水泥

混凝土具有原料丰富，价格低廉，生产工艺简单的特点，同时具有抗压强度高，耐久性好，强度等级范围宽等特点。这些特点使其使用范围十分广泛。不仅在各种土木工程中被广泛使用，而且在造船业、机械工业、海洋的开发、地热工程等领域，混凝土也是重要的材料。

混凝土是一种充满生命力的建筑材料。随着混凝土组成材料的不断发展，人们对材料复合技术认识不断提高，对混凝土的性能要求不仅仅局限于抗压强度，而是在立足强度的基础上，更加注重混凝土的耐久性、变形性能等综合指标的平衡和协调。混凝土各项性能指标的要求比以前更明确、细化和具体。同时，建筑设备水平的提升，新型施工工艺的不断涌现和推广，使混凝土技术适应了不同的设计、施工和使用要求，发展很快。

四、钢材

钢材是现代建筑主要材料之一。钢的产品有钢锭、连铸坯和直接铸成各种钢铸件等。钢的含碳量在0.03%~2%之间，为了保证其韧性和塑性，含碳量一般不超过1.7%。钢的主要元素除铁、碳外，还有硅、锰、硫、磷等。钢的分类方法多种多样，如按品质可分为普通钢（P≤0.045%，S≤0.050%）、优质钢（P、S均≤0.035%）、高级优质钢（P≤0.035%，S≤0.030%）。按化学成分可分为碳素钢、合金钢。按用途可分为普钢、特钢，其中特钢又分为结构钢、工具钢、模具钢、弹簧钢、轴承钢、冷镦钢等。按成形方法可分为锻钢、铸钢、热轧钢、冷拉钢。

我们通常所讲的钢材，一般是钢锭、钢坯等通过压力加工制成所需要的各种形状、尺寸和性能的材料。根据断面形状的不同，钢材一般分为线材、管材、板材、型材和金属制品五大类。

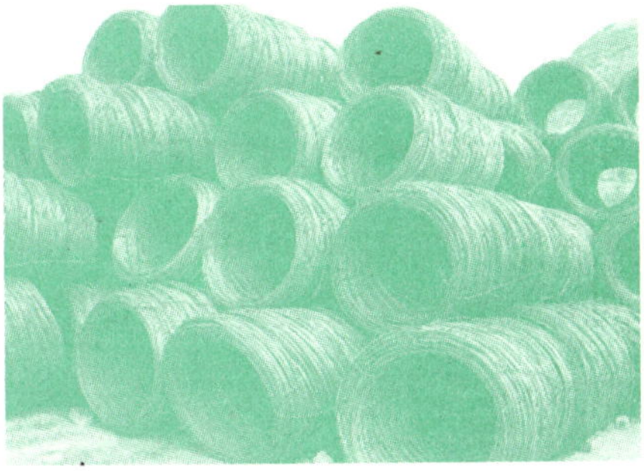

各种钢材

五、钢筋混凝土

钢筋混凝土是当今最主要的建筑材料之一，但它的发明者既不是工程师，也不是建筑材料专家，而是法国一位名叫莫尼埃的园艺师。

莫尼埃有一个很大的花园，里面种植了许多美丽的鲜花，但是花坛经常被游客踏碎。有什么办法可使人们既能踏上花坛，又让花坛不容易被踩碎呢？有一天，莫尼埃移栽花时，不小心打碎了一盆花，花盆摔成了碎片，花根四周的土却紧紧抱成一团。他从这件事中得到启发，将铁丝仿照花木根系编成网状，然后和水泥、砂石一起搅拌，做成花坛，果然十分牢

钢筋混凝土建筑物

固。1868年，他获得了包括钢筋混凝土花盆，以及紧随其后应用于公路护栏的钢筋混凝土梁柱的发明专利。

1872年，世界上第一座钢筋混凝土结构建筑在美国纽约落成，人类建筑史上一个崭新的纪元从此开始，钢筋混凝土结构在1900年之后在工程界得到了大规模的使用。1928年，一种新型钢筋混凝土结构形式——预应力钢筋混凝土出现，并于第二次世界大战后被广泛地应用于工程实践。钢筋混凝土的发明以及19世纪中叶钢材在建筑业中的应用，使高层建筑与大跨度桥梁的建造成为可能。

钢筋混凝土是水泥（通常是硅酸盐水泥）与骨料（钢筋）的混合物。当加入一定量水分的时候，水泥水化形成微观不透明晶格结构，从而包裹

和结合骨料成为整体结构。通常混凝土结构拥有较强的抗压强度，但是抗拉强度较低，任何显著的拉弯作用都会使其微观晶格结构，开裂和分离从而导致结构的破坏。所以，通常人们在混凝土中加入钢筋等加劲材料与之共同工作，由钢筋承担其中的拉力，混凝土承担压应力部分。

室内污染

人类一生中至少有70%以上的时间在室内度过，而城市人口在室内度过的时间超过了90%，尤其是婴幼儿和老弱残疾者在室内的时间更长。但是，据相关统计数据表明，室内空气污染物的浓度一般是室外污染物浓度的2～5倍，在某些情况下是室外污染物的几十甚至上百倍。20世纪70年代以来，在发达国家出现了所谓的“不良建筑综合症”，就是室内污染潜在问题的表现。室内环境污染已成为继18世纪工业革命带来的煤烟污染（第一代污染），19世纪石油和汽车工业发展带来的光化学烟雾污染（第二次污染）之后的，由20世纪中叶开始，直到21世纪还在继续的第三代污染，可见污染之严重。

与国外发达国家相比，中国对建筑装饰材料的质量和要求的监督与管理方面尚有很大的差距，室内污染引发的各种健康问题已成为突出的公共卫生问题。

一、化学性污染

主要来自室内装潢、家具、厨具、餐具、玩具、清洁剂、消毒剂、杀虫喷雾剂、煤气热水器、化妆品、某些蚊香、烟草、厨房油烟、煤烟、气体燃料、日用垃圾等物品。它们会散发出甲苯、二甲苯、醋酸乙酯、甲苯二乙氰酸酯、氯乙烯、甲醛等挥发性有机物，以及氨、一氧化碳、一氧化氮、二氧化碳、二氧化硫等无机化合物。这些对人体健康都有危害。

医学研究表明，对人体有害的化学物质可导致上呼吸道刺激症状，如鼻干发痒、堵塞流涕、打喷嚏、嗅觉下降、咽喉烧灼感或异物感，甚至咳嗽声哑。随着局部呼吸道粘膜免疫调节异常和吞噬、清除病毒、细菌等异物的功能下降，很容易诱发下呼吸道即气管、支气管及肺部的炎症和感染，累及整个呼吸系统。尤其是芳香烃类等两种以上化学物质蓄积时，可致中毒症状，不仅损伤局部粘膜，而且可能出现耳鼻咽喉的异常表现，进而影响全身。

知识链接

甲醛的污染源主要是所有的人造板材材料制作的家具、地板等，以及胶黏剂。目前，国内的污染治理主流产品主要为：甲醛清除剂、固态吸附剂、光触媒、活性炭、竹炭等。当前销售的甲醛清除剂的作用原理可以归纳为中和反应类、催化分解类、氧化还原类、封闭封堵类。而见效快的是表面封闭类蜡制品，这类产品可以将甲醛等污染物封闭在人造板的内部，短期无法散发出来，但是时间长了，这层封闭蜡老化或摩擦脱落后，甲醛就会重新散发出来。当室内有苯、甲苯、二甲苯等苯系物的污染时，就需要像固态吸附剂类的综合类治理产品来清除了。光触媒是一种以纳米级二氧化钛为代表的具有光催化功能的光半导体材料的总称，将它涂布于基材表面，在光线的作用下能产生强烈催化降解功能，能有效地降解空气中有毒有害气体，能有效杀灭多种细菌，并能将细菌或真菌释放出的毒素分解及无害化处理，因而具备除臭、抗污、净化空气等功能。有关研究表明，活性炭和竹炭或者植物对甲醛的吸附的作用很小。

二、物理性污染

主要来自于家用电器设备，例如电视机、收录机、音响、洗衣机、电冰箱、电脑、手机、微波炉等产生的噪声、电磁辐射、静电等污染。这些电器使用不当，极易造成头晕耳鸣和包括噪声性耳聋在内的听觉疲劳、感音神经性听力减退，以及记忆力减退、注意力不集中、心悸、乏力、失眠等植物神经功能紊乱和贫血等。

三、生物性污染

主要来自寄生于地毯、沙发、被褥、衣物、毛绒玩具等物品中的螨虫及其他细菌，家庭饲养的花鸟鱼虫和猫狗宠物中的病原微生物、寄生虫等。在这些生物污染因子中，有一些细菌和病毒是人类呼吸道传染病的病原体，有些真菌(包括真菌孢子)、花粉和生物体有机成分则能够引起人的过敏反应。迄今为止，已知的能引起呼吸道病毒感染的病毒就有200种之多，包括令人谈之色变的非典病毒，这些感染的发生绝大部分是在室内通过空气传播的，其症状可从隐性感染直到威胁人类生命。

四、放射性污染

主要存在于一些建筑材料，如花岗岩、页岩、浮岩、大理石、水泥、红砖、釉面瓷砖中的放射性元素，包括镭、钍、铀及其衰变物氡等。居室建筑和装潢材料尤其是各种石材中的放射物质可影响人体造血功能，诱发组织器官畸变，导致白血病等。

学以致用

如何防治室内污染

第一，住房要有良好的采光条件和通风条件。在住房的选择上，首先应满足两项基本的环境权益——采光权和通风权。采光权就是要求房间整体的日照（包括侧面）必须达到国家规定采光系数的最低值。另外，通风换气是改善室内空气最主要的方法，同时是排除室内毒性化学污染物最有效的手段。通风换气包括自然通风和人工换气两种，目前效果较佳者仍是自然通风。一般来讲，要想通风就必须有通风口，卧室、起居室、明卫生间的通风开口面积不应小于该房间地板面积的1/20；厨房的通风开口面积不应小于厨房地板面积的1/10，并不得小于$0.6m^2$。按照室内空气质量标准，室内新风量应保持在每人$30m^3/h$。

第二，居室环境要保持“绿色”化，即房屋、装潢、家具、电器以及各种生活物品，其选取、使用、维护、保养均应符合环保要求。尤其是在购买装潢材料时，一定要严格按照环境质量标准，认真挑选，尽可能做到无毒、无害，最大限度地减少室内污染和对人体的损害。

第三，讲究居室卫生。要养成良好的卫生习惯，随时保持室内空气清新和充足的日照；被褥、衣物勤洗勤晒；合理使用清洁剂、消毒剂和化妆品、洗发剂，少用杀虫剂、灭菌剂；对家庭宠物要进行防病检疫，并定期做消毒清洁。

第四节 车辆中的化学

在众多的化学“产儿”中，车辆当属最伟大的发明之一。车辆中有着许多我们所不知道的化学知识。

自行车

自行车是人类发明的最成功的一种人力机械之一，是由许多简单机械组成的复杂机械。从木头到金属，再到金属加橡胶，到20世纪90年代以前，自行车车架的制作材料以铬钼钢制的为主流。材料的重量逐渐下降，而强度不断增强。铬钼钢的扭曲性能及拉伸性能好，焊接时高温也不会影响材料，价格便宜。目前，自行车车架材料除了铬钼钢外，还有碳纤维、

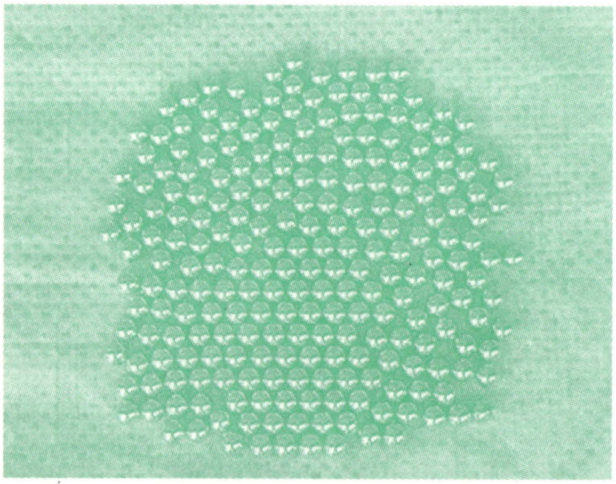

自行车用钢珠

自行车齿轮

钛合金、铝合金等。

碳纤维车架的特点是质轻，能较好地吸收地面的冲击力，是理想的自行车车架素材。碳纤维的等级数越高，弹性也越好，当然价格也更贵。

钛合金可以制作重量很轻而强度又很大的车架，钛的强度和钢差不多，但是重量也只有钢的一半多一点，因此同样强度的钛合金车架会比钢车架轻很多。钛合金具有非常好的弹性，可以较好地吸收骑行中的振动，因此用钛合金制作的车架具有非常良好的舒适性。钛是一种具有记忆性的金属，它在自己的形变范围内几乎具有无限的使用寿命。一般来说，在专业的使用条件下，钢车架的使用寿命是8年，而钛车架可以达到20年左右的使用寿命。

铝合金制的车架轻而刚性强，经过特殊加工，1个车架的重量只有1kg重。因此，竞赛中的越野车架大多数使用铝合金。

知识链接

钢制车架烤漆剥落后会开始锈蚀，因为烤漆脱落后，钢铁部件就和空气接触，空气中有氧气和水蒸气，铁生锈的条件都具备了，生锈也就开始了。这时我们可以经常擦拭保持其表面洁净和干燥，这是最简单的防锈措施。若有条件，把烤漆脱落部位打磨干净后，重新涂上油漆，则能更好地防锈。

铝合金、碳纤维和钛合金车架则不会锈蚀，它们能防锈的原理是不一样的。铝合金不生锈是因为铝能和空气中的氧气反应，在表面生成一层致密的氧化铝薄膜，阻止了铝进一步与氧气反应。碳纤维是碳单质，属于非金属材料，碳单质常温下化学性质不活泼，也就不容易生锈。钛合金防腐是因为钛抗腐蚀能力非常强。

自行车生产所用到的化学原理可分为内在和外表两个方面。

内在的耐用性能要求保证一定的结构强度，对一些易磨损零件，如前、中、后轴的挡碗，飞轮的齿片，链条心子和滚珠以及闸块等零部件，要进行金属热处理渗碳淬火，以提高表面硬度。

外表的耐用性能是通过电镀和涂装（油漆）防止腐蚀，并增加外表美观。电镀是在车把、轮辋等原有金属表面上镀上铜、镍、铬等金属镀层，也可视资源情况和防锈性能要求选择其他镀层。对一些次要的小零件，则采用光亮镀锌工艺。涂装是采用高压静电的方法，对车架、前叉表面进行喷涂。油漆表面要丰满、绚丽，并具有一定的防锈性能和漆膜结合力。电镀和涂漆都是利用把金属与氧气隔离的化学原理进行金属防腐的。

电动车

我国曾是“自行车王国”，然而这一低碳环保的出行工具，正随着国家经济的发展，人民生活水平的提高，渐渐被其他交通工具所代替。电动车就是其中最大的军团。

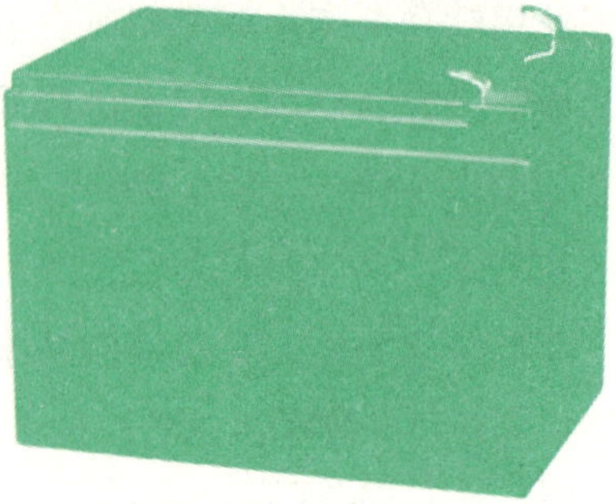

铅酸电池

电动车以其众多的优点受到大家的喜爱。其优点有环保、节能省钱、体积小、安全、快捷、行驶噪声小、操作简单。另外，机械传动的零件较少，磨损较少，使用寿命长，能源使用率高。

当前，大多数电动车使用的是铅酸蓄电池。在充电时，通过化学反应把电能转化为化学能；行驶时，通过另一种化学反应把化学能转化为电能输送给电机，电机再将电能转化为机械能驱动车前进。

铅酸蓄电池在充满电时，负极材料为纯铅（Pb），正极材料为二氧化铅（PbO_2），电解质溶液稀硫酸浓度最大，溶液的pH最小。

放电过程（原电池原理）：

负极：$Pb+SO_4^{2-}=\!=\!=PbSO_4+2e^-$

正极：$PbO_2+2e^-+SO_4^{2-}+4H^+=\!=\!=PbSO_4+2H_2O$

总反应：$Pb+PbO_2+2H_2SO_4=\!=\!=2PbSO_4+2H_2O$

铅酸蓄电池在放电时，负极材料为硫酸铅，正极材料为硫酸铅，电解质溶液稀硫酸浓度最小，溶液的pH最大。

充电过程（电解池原理）：

负极：$PbSO_4+2e^-=\!=\!=Pb+SO_4^{2-}$

正极：$PbSO_4+2H_2O=\!=\!=PbO_2+4H^++SO_4^{2-}+2e^-$

总反应：$2PbSO_4+2H_2O \xlongequal{} Pb+PbO_2+2H_2SO_4$

中国是一个铅酸蓄电池生产大国，世界约一半的铅酸蓄电池产自中国。随着铅酸蓄电池的广泛应用，各类铅酸蓄电池的污染问题接踵而至。电池行业重金属耗用量大，生产、回收、再生等环节重金属污染风险高，如何解决好铅酸蓄电池的污染问题变得迫在眉睫。

解决铅酸蓄电池污染问题，政府、企业和个人应该结合起来，注重废旧电池的清理回收工作，并将目光投向新技术开发，促使回收循环利用的产业化道路。只有这样，电池行业的发展才会有发展，新能源的开发也变得格外有希望。

汽　车

十年前，私家车对于大多数人来说还是梦想，但随着汽车行业的飞速发展，老百姓收入的不断提高，现在很多人的梦想变成了现实，汽车走进了我们的日常生活。

一、制造汽车的材料

汽车工业是我国经济的支柱性产业之一。在汽车制造中，使用的材料仍以钢材为主，涉及黑色金属、有色金属、橡胶、塑料、玻璃和其他非金属材料等众多类别。

如汽车的发动机分为缸盖、凸轮轴、缸体、曲轴、活塞、连杆、油底壳、进气歧管、排气歧管、线束等结构。其中缸盖通常为铝合金制品；凸轮轴和曲轴是铸铁制品；缸体为铸铁制品和铝合金制品，更先进的是镁铝合金制品；活塞是铝合金制品；连杆是铸铁制品；油底壳是铝制品；进气歧管为铝合金制品和塑料制品；排气歧管是铸铁制品；发动机内有些O型圈是橡胶制品。

汽车

再如汽车车身的生产中，使用的最多的是普通低碳钢板。低碳钢板具有很好的塑性加工性能，其强度和刚度也能满足汽车车身的强度和刚度要求，同时能满足车身拼焊的焊接要求。特殊钢板是随着汽车车身轻量化的要求而逐步研制、应用的。中高档汽车车身已开始使用的有高强度钢板、涂层钢板及焊接钢板等。高强度钢板可有效地提高汽车车身的抗冲击性能，防止汽车在行驶过程中由于路面的砂石碰撞产生凹陷，提高汽车的使用寿命。涂层钢板是为了避免汽车受高温、高湿、高寒等恶劣气候条件的腐蚀，延长汽车寿命而开发的以钢板为基体的表层涂镀防护层的板材。有的中高档轿车的车身几乎完全使用镀锌板。拼焊钢板是将不同厚度和不同性能的钢板剪裁后拼焊起来的一种钢板，可以在汽车最敏感部位使用，便于更好地发挥其耐蚀性。拼焊钢板的应用，简化了生产工艺，降低了模具和焊装夹具制造成本，改善了零件性能的稳定性。

知识链接

汽车车身材料的发展趋势

铝、镁合金在汽车车身中的应用逐年增加。在不久的将来，批量生产的全铝汽车将出现。特别是在欧美地区，铝、镁合金在车身材料的构成中将占主导地位。

新型车身材料如塑料、复合材料的应用，将随着这些材料成本问题的解决而逐步增大比例。车身材料呈现向更轻质、易成型、低成本、高稳定性发展的趋势。

二、汽车行驶消耗品

汽车使用时还需要汽车燃料、汽车润滑材料、汽车工作油液等消耗品。

燃料通常指能够将自身存储的化学能通过化学反应（燃烧）转变为热能的物质，大部分来自石油。汽车燃料主要指汽油机（点燃式发动机）用燃料汽油和柴油机（压燃式发动机）用燃料柴油。它们是当前汽车运行的主要动力来源。随着全球经济的发展，汽车保有量逐年增加，石油资源被日益消耗，汽车尾气对环境污染日益严重。对此，汽车制造商在不断完善发动机的燃烧系统，采用先进的电子控制技术和高性能的污染净化装置，使用无铅汽油的同时，还不断投入巨额资金，研制污染排放少又利于环境保护的代用燃料和代用燃料汽车。20世纪80年代后，各种代用燃料汽车及电动汽车成了研究开发热门。就世界范围而言，最成功的代用燃料是液化石油气（LPG）和压缩天然气（CNG）。

汽车常用润滑油有发动机润滑油、汽车齿轮油、汽车用润滑脂。发动机润滑油是发动机润滑系的工作液，简称为机油，是发动机重要的运行材料，具有润滑、冷却、清洗、密封、防腐、降噪、减磨等功能。齿轮油主要用于变速器、分动器、主减速器、转向机等传动机件摩擦处。润滑脂俗称黄油，是一种稠化了的润滑油，具有良好的润滑轴承等部件的特殊作用。

汽车常用的工作液有制动液、液力传动油、发动机防冻冷却液、汽车空调制冷剂等。制动液是汽车液压制动系中传递压力的工作介质，其技术要求是高沸点，吸湿性小，适宜的黏度，安定性好，皮碗膨胀率小，防腐性能好。液力传动油是自动变速器重液力传动的工作介质，其技术要求是适当的黏度，良好的热氧化安定性，抗泡沫性，抗磨性，对橡胶密封材料侵蚀小，良好的换挡性能，良好的防锈、抗腐蚀性。发动机冷却液是在强制循环式水冷发动机冷却系统中，用于高温机件散热的一种介质，其技术要求有低冰点，防腐蚀，不损坏汽车有机涂料，高沸点，适宜的pH值，抗泡沫性好。 制冷剂是空调装置的工作介质，其技术要求有如下几点：无毒，如果发生泄漏，能发出使人觉察的气味；不易燃烧，不易爆炸；化学性质稳定，无腐蚀性；有利于环境保护。

三、汽车污染

汽车噪声。主要指汽车在行驶过程中发生的噪声，它主要由发动机工作噪声与汽车行驶时振动和传动产生的噪声组成。

汽车的排气污染。主要指从汽车发动机排气管排出的废气，根据汽车种类不同，其污染物的成分不同。汽车排气污染是汽车的主要污染源。目前，解决尾气污染的主要方法，一是改进发动机的结构和性能，使燃料燃烧更充分；二是在排气管中加装陶瓷触媒转化器（也叫三元催化转换器）。大部分的现代触媒转化器包含了两个部分：还原性蜂窝瓷及氧化性蜂窝瓷。当废气通过还原性蜂窝瓷时，氮氧化物首先被分解为氮气和氧气。当废气进一步通过氧化性蜂窝瓷时，一氧化碳和碳氢化合物被进一步氧化成二氧化碳及水。

燃油蒸发污染。主要指汽油车的汽油蒸发。汽油是一种挥发性极强的物质，在挥发物中含有大量对人体有害的成分，所以在对汽车环保控制中，增加了对燃油蒸发物的控制项目。

曲轴箱污染。指发动机曲轴箱内从发动机活动塞环切口泄漏出来的未完全燃烧的可燃性气体，它含有一氧化碳气等对人体有害的成分，因此国家相关技术标准要求不允许发动机曲箱内有废气排出。

车内环境的污染。相当一部分新车车内空气不合格，部分新车污染物严重超标。污染源除了包括车内的原装材料，比如扶手油漆、皮套等；更多的是车内的装潢用品，比如地垫、化纤织物靠垫等。在这些污染严重的车厢里呆久了，人很容易产生呼吸不畅、口干舌燥、胸闷头晕等症状，严重的还能导致再生障碍性贫血。所以，新车要经常通风换气，加快有害气体的散发，以降低车内有害气体的浓度。

同学们，随着化学等科学的发展，新型节能、环保、高效的交通工具会不断被研制出来，那时我们的出行将更加快捷、方便，地球真正变成地球村！